まえがき

このノートは、日本史探究の教科書『高校日本史』で学習を進める生徒用のノートとして編集された。

歴史学習というと、ただちに「暗記」と結びつけられ、負のイメージを持つ人も少なくない。しかし、「今」を生きる私たちが、これまでの歴史の上に立って「明日」を切り開いていくことを考えれば、歴史を軽視することはできないだろう。また、歴史から学ぶことのできる内容は豊富ではかり知れないものがある。

高等学校の歴史学習では、基礎的な知識を習得するとともに、知識を活用して歴史理解を深め、探究しようとする姿勢が大切である。知識の習得には暗記も必要であるが、単なる丸暗記では知識は定着しない。歴史学習に際しては、歴史の大きな流れを理解し、その上で個々の歴史的事項を相互に関連付けながら考察し、課題の追究・解決に向けた探究活動に取り組むことが必要である。

このノートは日本史の流れを系統的に理解できるように、教科書の構成にしたがって、１テーマ見開き２ページを原則として組み立ててある。左ページでは、教科書本文にそって、基本的事項を習得してほしい。右ページでは、「読みとき」の演習を通して、習得した基本的事項をふまえた上で、資料から情報を収集し、適切に読み取り、まとめる力を磨いてほしい。

高校日本史ノート編集部

目　次

第11章 近世から近代へ

第12章 近代国家の成立

第13章 近代国家の展開と国際関係

第14章 近代の産業と生活

第15章 恐慌と第二次世界大戦

第16章 現代の世界と日本

第1章

日本文化のあけぼの

1　日本文化の始まり

教 p.6〜10

人類の誕生

a　人類の祖先とされる(　①　)は、約700万年前にあらわれた。(①)の次の**原人**があらわれた時代は、一般に(　②　)時代とよばれ、地球全体に寒冷な時期と温暖な時期が交互にくり返しておとずれた。

b　(②)時代にはユーラシア大陸と地続きになることもあり、大陸から(　③　)・オオツノジカなどの大型動物とともに日本人の祖先も渡ってきた。

c　日本列島で発見された人骨は、(　④　)段階に限られる。日本人の原型は、旧石器人の子孫の(　⑤　)人と、(　⑥　)時代以降に日本列島に渡来した人びとが混血して形成されたと考えられている。

旧石器文化

a　日本列島で**旧石器文化**の存在が確認されたのは、岩宿遺跡で関東ローム層から石器がみつかった第二次世界大戦後のことである。

b　旧石器は、石をたたいてつくる(　⑦　)で、狩りなどに(　⑧　)石器が使われ、のちに、尖頭器や(　⑨　)がつくられた。人びとは、狩猟と植物性食料を採集する生活をしていた。長野県の(　⑩　)では、象の化石骨と(⑦)が同じ地層から発見されている。

縄文文化

a　およそ1万1700年前に気候は温暖化し、大型動物は姿を消してニホンジカやイノシシなどが増え、これらをとらえるために(　⑪　)を使うようになった。石器も打製石器のほかに(　⑫　)も使うようになり、シカの角でつくる銛や釣針などの(　⑬　)もあらわれた。

b　表面に縄をころがしてつけた文様をもつ**縄文土器**も使われるようになった。ユーラシア大陸各地の(　⑭　)時代に対応する文化といえるが、(　⑮　)・牧畜などは伴わず、食料採集段階にとどまっていた。

縄文人の生活

a　人びとは、数戸の(　⑯　)住居をたてて、中央に広場を設け集落をつくった。食材はクリ・クルミなどの木の実や、魚・貝や鳥・獣などであり、(　⑰　)から、当時の食料を知ることができる。

b　黒曜石の鏃の分布から、広範囲に(　⑱　)がおこなわれていたことがわかる。

c　人びとは自然現象や自然物に霊がやどると考え(アニミズム)、石棒や土偶などがつくられ、また(　⑲　)という独特な埋葬がおこなわれた。

Check

①
②
③
④
⑤
⑥
⑦
⑧
⑨
⑩
⑪
⑫
⑬
⑭
⑮
⑯
⑰
⑱
⑲

縄文土器と人びとの暮らし

土器や弓矢の使用は、人びとの食生活面にどのような変化をもたらしただろうか。次の①②の問いに答えてみよう。

①下の写真に共通する特徴を考えてみよう。また、土器の使用によって、食生活はどのように変化したか説明してみよう。

②弓矢の使用によって、何ができるようになっただろうか。また、これによって、食生活はどのように変化したか説明してみよう。

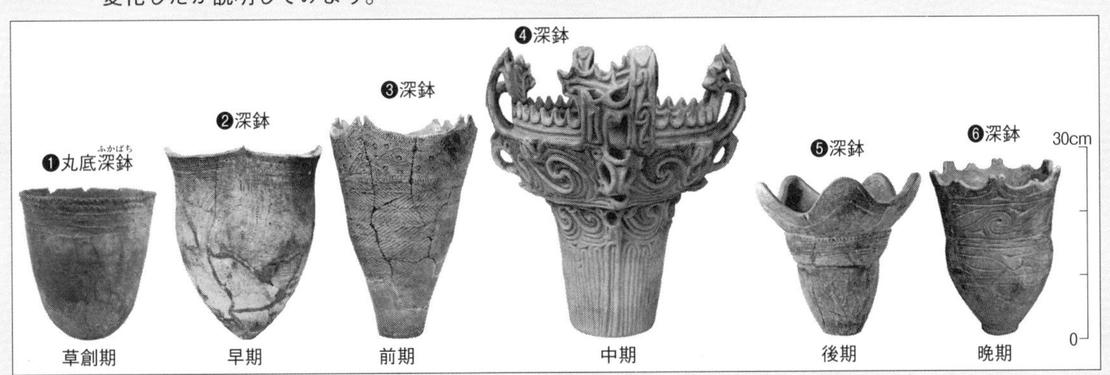

▲**縄文土器**（❶長野県石小屋洞穴遺跡、國學院大學博物館蔵　❷北海道中野Ａ遺跡、市立函館博物館蔵　❸千葉県二ツ木向台貝塚、南山大学人類学博物館蔵　❹新潟県笹山遺跡、十日町市博物館蔵　❺千葉県上新宿貝塚、京都大学総合博物館蔵　❻東京都小豆沢貝塚、東京国立博物館蔵）

2 農耕の開始(1)

教 p.11〜13

Check

①

②

③

④

⑤

⑥

⑦

⑧

⑨

⑩

⑪

⑫

⑬

⑭

⑮

⑯

⑰

⑱

⑲

弥生文化

a 中国大陸や朝鮮半島の農耕(のうこう)文化の影響をうけ、縄文(じょうもん)文化は大きく変化した。2800年前ころ、九州北部で(　①　)耕作(こうさく)が始まり、紀元前4世紀までには東日本にも広まって(　②　)文化が成立した。

b 日本列島の大部分は、食料採集段階から食料生産段階へと移行した。紀元前8世紀ころから紀元3世紀までの時期を(②)時代とよぶ。

c (②)文化は、(①)耕作を基本とし、銅と錫(すず)の合金である**青銅**(せいどう)や(　③　)などの金属器を生産する技術も身につけた。青銅器には(　④　)・(　⑤　)・**銅矛**(どうほこ)などがあり、おもに祭りの道具として使われ、**鉄器**(てっき)は武器や工具などの実用的な道具として使われた。

d 木材を加工するための(　⑥　)、稲を穂首(ほくび)刈(が)りするための(　⑦　)といった朝鮮半島系の**磨製石器**(ませいせっき)なども使われた。さらに、赤焼きで文様(もんよう)の少ない(②)土器がつくられ、(　⑧　)・**甕**(かめ)・**高杯**(たかつき)の3種類の器(うつわ)がセットで使われていた。

e 北海道では**続縄文文化**(ぞくじょうもん)、南西諸島では(　⑨　)文化とよばれる食料採集文化が引き続き展開し、(①)耕作は受容されなかった。

弥生人の生活

a 弥生時代の水田は、1辺が数メートル程度の小区画のものが多く、灌漑(かんがい)や排水(はいすい)のための(　⑩　)をそなえていたことから、田に稲の種を直接播(ま)くだけではなく、(　⑪　)も始まっていたとの見解もある。

b 耕作には木製の(　⑫　)や**鋤**(すき)などの農具をもちい、収穫には石包丁(いしぼうちょう)をもちいて稲穂を刈りとっていたが、弥生時代の後半になると**鉄鎌**(てつがま)を使うようになった。

c 収穫した籾(もみ)は、貯蔵穴や(　⑬　)におさめられ、食べる際に(　⑭　)・**竪杵**(たてぎね)で脱穀(だっこく)した。こうして弥生時代の人びとは、より安定した定住生活をいとなむようになった。

d 死者は共同墓地に葬られ、(　⑮　)も多くなった。九州北部などでは、(　⑯　)に死者をおさめたり、地上に大石をおいた**支石墓**(しせきぼ)がみられ、なかには多数の中国産の鏡や青銅製の武器などを副葬したものもある。

e 低い墳丘(ふんきゅう)のまわりに溝(みぞ)をめぐらせた(　⑰　)がつくられるようになった。後期には大きな(　⑱　)がつくられるようになった。こうした墓制の変化は、集団のなかに身分(みぶん)の差がうまれ、各地に有力な(　⑲　)があらわれたことを示している。

f 集落(しゅうらく)では、豊かな収穫を祈願し、収穫に感謝する祭りがおこなわれた。祭りや水稲(すいとう)耕作にともなう土木(どぼく)・治水(ちすい)工事の指導をつうじて、権威をもつ(⑲)が出現したと考えられる。

弥生土器

縄文土器と弥生土器の違いについて、次の①②の問いに答えてみよう。

①p.5の縄文土器の写真と、右の弥生土器の写真を比べて、形や文様にどのような違いがあるか説明してみよう。

②右の弥生土器の写真をみて、それぞれの形の違いに注目し、縄文土器との使い方の違いを説明してみよう。

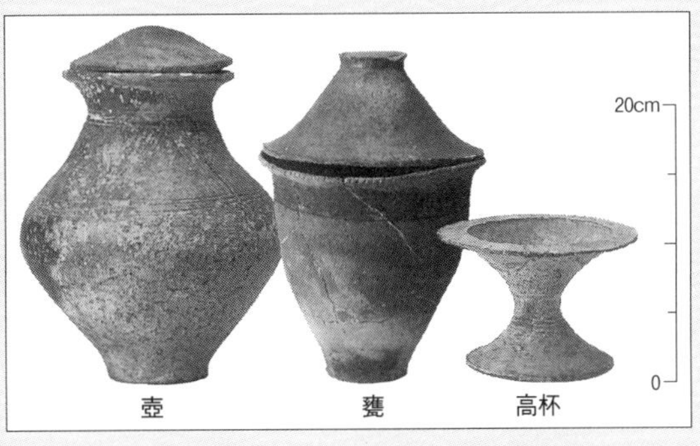

▲**弥生土器**　壺・甕・高杯の3器種が弥生土器の基本である。（ともに前期、奈良県唐古・鍵遺跡、京都大学総合博物館蔵）

3　農耕の開始(2)

教 p.13～15

Check

①
②
③
④
⑤
⑥
⑦
⑧
⑨
⑩
⑪
⑫
⑬
⑭
⑮
⑯
⑰

小国の分立

a　**水稲耕作**が広まると、集落のあいだに水田や灌漑用水の確保や収穫物をめぐる争いがおこり、集落を外敵からまもる防御施設もつくられるようになった。

b　佐賀県の(　①　)遺跡などの濠をめぐらせた(　②　)や、瀬戸内海に面してつくられた**高地性集落**などがあらわれた。これらは対立抗争をつうじて集落のあいだに支配・従属の関係がうまれ、より広い地域を支配する権力が形成されたことを示している。

c　弥生時代中期には、各地に「(　③　)」とよばれる政治的なまとまり(小国)がうまれ、さらにより大きなまとまりへと変化した。

d　1つのまとまった地域は、同じ祭りがとりおこなわれたものと考えられる。近畿地方を中心に(　④　)、九州北部を中心に**銅矛**・(　⑤　)というように、青銅製の祭りの道具がそれぞれ一定の範囲に分布しているのは、そのあらわれと考えられる。

e　中国の歴史書である『(　⑥　)』には、紀元前後の倭人の社会は100余国にわかれており、(　⑦　)に定期的に朝貢してきたことが書かれている。また、『**後漢書**』には、紀元57年に倭の(　⑧　)国が朝貢し、光武帝から**印綬**をうけたことが記されている。

f　九州北部の(③)の王のなかには、中国の先進的な文物を手に入れたり、中国皇帝の権威を借りて自分の(③)の権威を高めようと海をこえて中国王朝と交渉をもつ者もいた。各地に残る弥生時代の**墳丘墓**などから、中国製の(　⑨　)や鉄製の武器が発見されている。

邪馬台国連合

a　3世紀になると、中国大陸では、魏・呉・蜀がならびたつ**三国時代**になった。『**三国志**』の(　⑩　)には、倭では2世紀の終わりころに大きな争乱がおこり、諸国の王は共同で**邪馬台国**の(　⑪　)を女王としてたて、およそ30国の連合体ができたことが記されている。

b　239年に、(⑪)は魏の皇帝に使いを送り、皇帝から「**親魏倭王**」の称号と金印、さらに多数の**銅鏡**などをさずけられた。

c　邪馬台国では(　⑫　)の差が存在し、統治組織や(　⑬　)の制度もあった。**税**も徴収され、(　⑭　)も開かれて諸国のあいだで交易もおこなわれていた。

d　(⑪)のあとは男性の王がついだが、連合した諸国は従わず、一族の(　⑮　)が女王になると、おさまった。

e　邪馬台国の所在地については、(　⑯　)説と(　⑰　)説とがあり、いまだに決着していない。

倭人の朝貢

次の史料や写真をみて、①〜③の問いに答えてみよう。

①使者が会った相手は誰だろうか。その目的も説明してみよう。
②倭の国王が献上しているものは何だろうか。
③金印にはどのような文字が刻まれているだろうか。また、その文字から何がわかるだろうか。

▲**金印**(印面は実物大。福岡市博物館蔵)

『後漢書』東夷伝

建武中元二年❶、倭の奴国、貢を奉じて朝賀す。使人❷自ら大夫と称す。倭国の極南界なり。光武、賜ふに印綬❸を以てす。安帝の永初元年❹、倭の国王帥(師)升等、生口❺百六十人を献じ、請見❻を願ふ。桓霊の間❼、倭国大いに乱れ、更❽相攻伐して歴年❾主なし。

❶五七年。❷使者。❸印は「漢委奴国王」の金印(写真右)といわれている。綬は印に通し身につけるための組ひもで、印の材質と綬の色によって格式をあらわした。❹一〇七年。❺生きている人、奴隷であろうといわれる。❻謁見。お目にかかる。❼後漢の桓帝・霊帝のころ(一四七〜一八九年のあいだ)。❽つぎつぎに。❾長いあいだ。

『漢書』地理志

夫れ楽浪海中に倭人有り、分れて百余国と為る。歳時を以て❶来り献見❷すと云ふ。

❶定期的に。❷貢物を献上する。

第2章

古墳とヤマト政権

1　古墳文化の展開(1)

教 p.20～23

Check

①

②

③

④

⑤

⑥

⑦

⑧

⑨

⑩

⑪

⑫

⑬

⑭

⑮

⑯

古墳の出現とヤマト政権

a　3世紀後半になると、西日本では大規模な(　①　)などが築かれるようになった。それらには、木棺を(　②　)石室におさめる埋葬施設や銅鏡のような呪術的な副葬品など、共通する特徴がみられる。

b　前期の古墳のなかでも、もっとも古く規模が大きい(　③　)古墳が奈良県にみられることから、この地方が政治的連合の中心であると考えられ、これを(　④　)政権とよぶ。

c　古墳は(④)政権の勢力拡大とともに各地に広まり、(　⑤　)世紀までつくられた。

古墳文化

a　前期の古墳には自然の丘陵を利用したものが多く、埋葬施設は竪穴式石室で、墳丘には葺石をふき、(　⑥　)をめぐらしている。

b　中期の古墳は、**平地に墳丘を盛り上げた巨大な前方後円墳**がつくられた。関東・瀬戸内・(　⑦　)などの地域にもつくられており、これらの地域の有力者(豪族)がヤマト政権のなかで重んじられていたことがわかる。

c　副葬品は、前期には銅鏡・玉・剣が多かったが、中期には鉄製の(　⑧　)や(　⑨　)など、軍事的なものにかわった。

d　後期には、内部に(　⑩　)石室をもつものが多くなり、また小さな円墳がいくつもまとまってつくられた(　⑪　)が各地にあらわれた。

ヤマト政権と東アジア

a　中国大陸では、3世紀後半に国内を統一した(　⑫　)の力が弱く、北方民族の侵入により、5世紀には南北分裂の時代となった。中国の支配力が弱まり、朝鮮半島では、北部に**高句麗**、南部に(　⑬　)・**百済**の3国がそれぞれならびたった。

b　倭では、4世紀半ばには、ヤマト政権が形成され、その首長は(　⑭　)とよばれた。ヤマト政権は、鉄資源や新しい文化を求めて朝鮮半島に進出し、4世紀後半には高句麗と戦ったことが**広開土王**(好太王)**碑**に記されている。

c　中国の歴史書によると、5世紀に倭の5人の王が朝貢してきたことがわかる。讃・珍・済・興・武の5人の大王を(　⑮　)とよぶ。

d　埼玉県と熊本県の古墳から発掘された鉄製の刀剣には、ともに**獲加多支鹵(ワカタケル)大王**の名が刻まれており、のちの『日本書紀』にみえる(　⑯　)天皇であるとされている。

竪穴式石室と横穴式石室

次の図をみて、①②の問いに答えてみよう。

①竪穴式石室と横穴式石室の構造の違いを説明してみよう。

②竪穴式石室から横穴式石室になり、埋葬方法にどのような変化があったか考えてみよう。

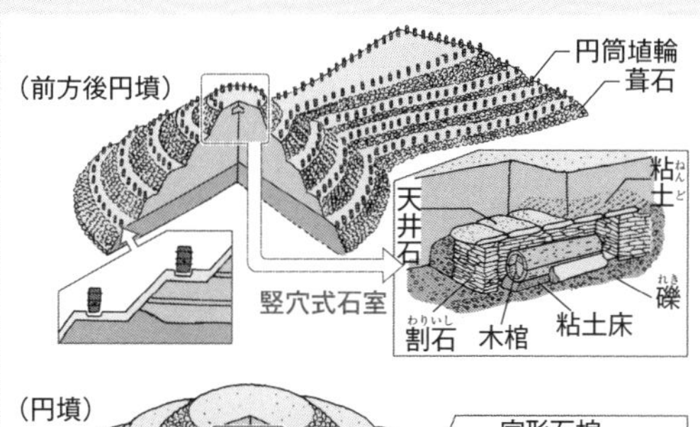

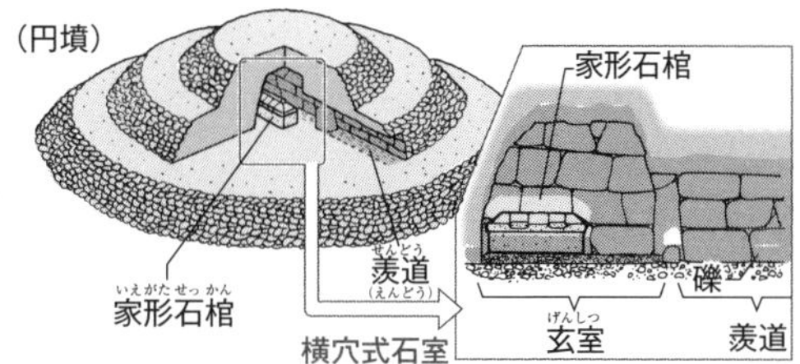

▶**竪穴式石室**(上、4世紀)**と横穴式石室**(下、6世紀)**の模式図**

2　古墳文化の展開(2)

教 p.23～25

Check

①

②

③

④

⑤

⑥

⑦

⑧

⑨

⑩

⑪

⑫

⑬

⑭

⑮

⑯

⑰

大陸文化の伝来

a　ヤマト政権が朝鮮半島や中国との交流を深めると、多くの(　①　)が海をこえて渡ってきた。ヤマト政権はこれらの人びとを技術者集団に組織していった。彼らは、鉄器・(　②　)の生産、機織り・土木のほか漢字(文字)を使用する文書や記録の作成などの分野でも活躍した。

b　6世紀には、中国の精神文化である**儒教**や、インドで発生し百済から伝えられた(　③　)の教えが、大王・豪族に受け入れられ、のちの日本文化に大きな影響を与えた。

古墳時代の人びとの生活

a　古墳時代の住居は一般に竪穴住居・平地住居で、一部の豪族は大規模な**居館**をかまえていた。ふだん用いる土器は、弥生土器の流れを引く(　④　)であったが、5世紀以降は、朝鮮半島から伝わった**須恵器**も使われるようになった。

b　人びとは農耕儀礼を重んじ、春の**祈年祭**、秋の(　⑤　)などの祭りをおこなった。また、山や巨木・巨岩などに神がやどると考え、ささげものをして、まつった。大和の三輪山の(　⑥　)神社などは、このような古くからの信仰に由来している。

c　呪術的な風習として、鹿の骨を焼いて吉凶を占う**太占の法**や、熱湯に手を入れさせ真偽を確かめる(　⑦　)などがおこなわれた。

ヤマト政権の政治組織と古墳の終末

a　6世紀には、ヤマト政権の組織もととのった。**豪族**は血縁により「(　⑧　)」という集団を中心にまとまり、大王からヤマト政権内での地位をあらわす「(　⑨　)」を与えられた。

b　近畿地方の豪族には(　⑩　)・**連**、有力な地方豪族には**君**・**直**が与えられた。中央の有力豪族の蘇我氏や大伴氏などは**大臣**・(　⑪　)などの地位について、朝廷で重要な役割を果たした。その下では**伴造**が朝廷の実務に従事した。

c　豪族は、私有地である(　⑫　)や私有民である(　⑬　)を経済的基盤とし、さらに**ヤツコ**(**奴婢**)とよばれる奴隷も所有していた。

d　ヤマト政権は地方支配を強めるため、各地に直轄地である(　⑭　)や**名代**・**子代**とよばれる直轄民をおき、地方豪族を(　⑮　)に任命した。しかし、筑紫の(　⑯　)のようにヤマト政権の支配に反発して反乱をおこす者もいた。

e　6世紀末以降、古墳の造営は少なくなり、7世紀なかごろには大王墓は(　⑰　)となった。

読みとき

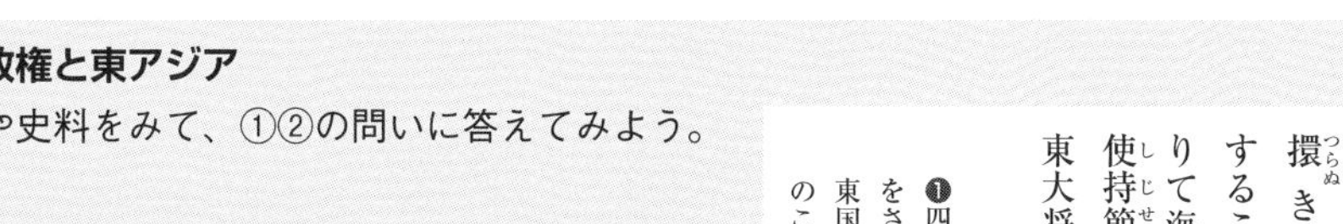

ヤマト政権と東アジア

次の図や史料をみて、①②の問いに答えてみよう。

① 4世紀の中国や朝鮮半島ではどのような動きがあったか、説明してみよう。

②倭王は何を目的に、中国の皇帝に朝貢したのか、説明してみよう。

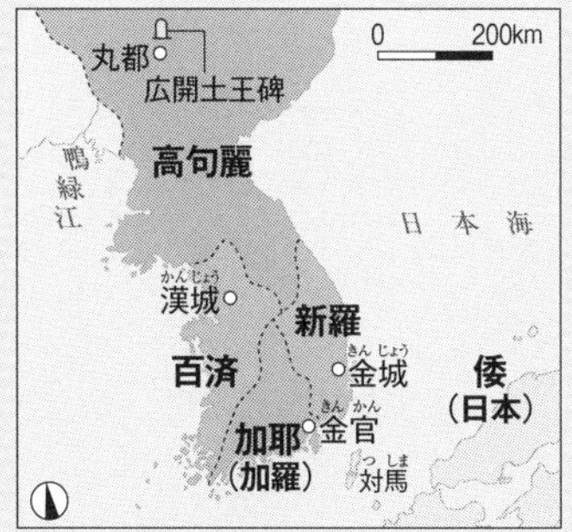

▲4世紀の朝鮮半島

倭王武の上表文

興死して弟武立つ。……

順帝の昇明二年❶、使を遣して上表して曰く、「封国❷は偏遠にして、藩を外に作す。昔より祖禰❸躬ら甲冑を擐き、山川を跋渉して寧処に遑あらず❹。東は毛人❺を征すること五十五国、西は衆夷❻を服すること六十六国、渡りて海北❼を平ぐること九十五国……」と。詔して武を使持節都督倭・新羅・任那・加羅・秦韓・慕韓六国諸軍事安東大将軍倭王に除す。

(『宋書』倭国伝)

❶四七八年。❷領域、自分の国のこと。❸父祖という説と、武の祖父の珍をさすという説とがある。❹落ちついている暇もない。❺蝦夷だけでなく東国の人びとをよんだのであろう。❻西国の人びとのことか。❼朝鮮半島のことか。

3　飛鳥の朝廷

㊎ p.25〜28

Check

①
②
③
④
⑤
⑥
⑦
⑧
⑨
⑩
⑪
⑫
⑬
⑭
⑮
⑯
⑰

東アジア情勢の変化とヤマト政権

a　6世紀、朝鮮半島では**高句麗**が勢力を強めて南下した。**百済**・(　①　)も(　②　)諸国へ進出し、562年、(①)は(②)諸国を支配下におさめ、ヤマト政権の朝鮮半島での影響力は後退した。

b　国内政治も動揺し、朝鮮半島政策の失敗で(　③　)が失脚し、(　④　)氏が勢力を強め、**仏教**の受容を巡って**物部氏**と激しく争った。

c　589年、中国では(　⑤　)が南北朝を統一し、周辺地域へ進出し始めると、東アジアの緊張は高まった。

d　**蘇我馬子**は、587年に(　⑥　)をほろぼし、592年には(　⑦　)天皇を暗殺して政治権力をにぎった。

e　(　⑧　)天皇が即位すると、甥の(　⑨　)(**厩戸王**)が(④)氏と結んで新しい国家体制づくりに取り組み、603年に(　⑩　)の制度、604年に(　⑪　)を定めて、豪族たちに役人としての自覚を求め、仏教を新しい政治理念として重んじた。

f　中国との外交も再開され、607年には(　⑫　)として**小野妹子**がつかわされ、(⑤)に服属しない立場を主張しようとした。(⑫)には、**高向玄理**・**旻**ら多くの留学生・学問僧が同行した。

飛鳥文化

a　7世紀前半に朝廷があった(　⑬　)の地では、大陸・半島との交流をうけて最初の仏教文化がおこった。この時代の文化を(⑬)文化とよぶ。

b　仏教は、蘇我氏や聖徳太子が保護につとめ、豪族のあいだにも広まった。蘇我氏は法興寺(飛鳥寺)、聖徳太子は四天王寺や**法隆寺**(斑鳩寺)を建立した。

c　**法隆寺**の**金堂**や**五重塔**などは現存する世界最古の木造建築とされ、その姿は7世紀前半の様式を伝えているといわれる。

d　法隆寺金堂(　⑭　)像は仏師の(　⑮　)の作といわれる。きびしさを基調とする中国の北朝系の様式がみられる。

e　**広隆寺**や**中宮寺**の(　⑯　)像、法隆寺の**百済観音像**などは、おだやかでやさしい南朝や百済系の特徴をもっている。

f　絵画・工芸では、法隆寺の**玉虫厨子**や中宮寺の(　⑰　)が、この時代のすぐれた作品として伝わっている。

伽藍配置の変遷

次の図をみて、①②の問いに答えてみよう。

①初期の寺院を建立していたのは、どのような立場の人たちだろうか。

②寺院がつくられた時代と塔・金堂・講堂などの配置の違いに注目して、信仰がどのように変化したか説明してみよう。

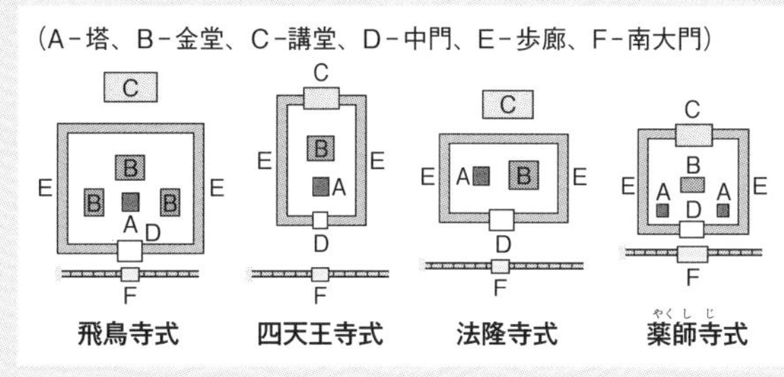

▲伽藍配置の変遷

第3章

律令国家の形成

1 律令国家への道(1)

教 p.29〜31

Check

①

②

③

④

⑤

⑥

⑦

⑧

⑨

⑩

⑪

⑫

⑬

⑭

⑮

⑯

⑰

⑱

大化の改新

a 中国では618年に隋がほろび、(①)にかわった。(①)は律令にもとづいて中央集権国家を打ちたて、東アジア諸国に影響を与えた。

b 倭では、**蘇我蝦夷**とその子(②)が権勢をふるい、山背大兄王をほろぼして権力を集中しようとしたが、王族中心の中央集権をめざす**中大兄皇子**や**中臣鎌足**は、645年に蘇我父子をほろぼした。

c 皇極天皇にかわった孝徳天皇のもとで、甥の中大兄皇子は皇太子となり、(③)とよばれる一連の政治改革をすすめようとした。

d 646年には、4カ条の(④)を発して、(⑤)制の確立、地方行政組織と軍事・交通制度の整備、(⑥)・計帳の作成と(⑦)法の施行、統一的な新しい税制の実施などが目標にされたという。

壬申の乱

a 朝鮮半島では、**唐**が**新羅**と結んで660年に**百済**、668年には**高句麗**をほろぼした。その後、新羅は唐の勢力を半島から追い出し、676年に統一をはたした。

b 斉明天皇(皇極天皇重祚)のもとで、倭は旧百済勢力を助けるために大軍を送ったが、663年の(⑧)の戦いで唐・新羅連合軍に大敗した。

c 中大兄皇子は、唐・新羅の進攻にそなえて、九州統治の中心部をまもるための(⑨)や古代山城を築くなど国防を強化し、都を近江の**大津**に移した。中大兄皇子は668年に即位して(⑩)天皇となり、670年には最初の全国的な戸籍である(⑪)をつくるなど、改革を急いだ。

d (⑩)天皇が亡くなると(⑫)の乱がおこり、672年、天皇の弟(⑬)皇子は、(⑩)天皇の子大友皇子を倒した。

e (⑬)皇子は、都を**飛鳥**にもどして即位して(⑭)天皇となり、(⑮)を制定して豪族の身分秩序を再編成し、新しい都づくりのほか、歴史書や律令の編さんを始めた。

f (⑭)天皇が亡くなったあと、事業を引きついだ(⑯)天皇のもとで、(⑰)令が施行された。また、本格的な都城である(⑱)を完成させた。こうして中央集権的な国家体制が確立していった。

大化の改新

次の史料や写真をみて、①②の問いに答えてみよう。

①「改新の詔」を読んで、何を目的として出されたのか、説明してみよう。

②大規模な古代山城はなぜ築かれたのか、朝鮮半島との関係をふまえて説明してみよう。

▲**鬼ノ城の西門**（復元、岡山県）

改新の詔

其の一に曰く、昔在の天皇等の立てたまへる子代の民❶、処々の屯倉❷、及び、別には臣・連・伴造・国造・村首の所有る部曲の民❸、処々の田荘❹を罷めよ。仍りて食封を大夫より以上に賜ふこと、各差あらむ❺。

其の二に曰く、初めて京師を修め、畿内・国司❻・郡司・関塞❼・斥候❽・防人・駅馬・伝馬❾を置き、及び鈴契❿を造り、山河を定めよ⓫。

其の三に曰く、初めて戸籍・計帳・班田収授の法を造れ。

其の四に曰く、旧の賦役⓬を罷めて、田の調⓭を行へ。……別に戸別の調を収れ。

（『日本書紀』）

❶大王家の直属民。❷王権の直轄地。❸❹教科書二五ページ参照。❺おのおのの地位に応じて給付する。❻畿内国の司と読む説もある。❼関所。❽北辺の監視要員。❾公的な伝達・輸送に用いられる馬。❿駅鈴と木契。ともに駅馬・伝馬を利用する際の証明とした。⓫地方の境界を定める。⓬これまでの租税。⓭一定基準で田地に賦課する税。

2　律令国家への道(2)

教 p.31〜33

Check

①

②

③

④

⑤

⑥

⑦

⑧

⑨

⑩

⑪

⑫

⑬

⑭

⑮

⑯

⑰

⑱

⑲

⑳

律令国家のしくみ

a　701年、**大宝律令**が制定された。律は今日の(　①　)にあたり、令は行政に関するさまざまな法規で、唐の律令を手本としてつくられた。「日本」という国号が定められたのもこのころである。

b　律令による政治を担った中央官庁は、(　②　)・(　③　)である。(②)とは(　④　)と**太政官**で、太政官が国政を担当した。国政は左大臣・右大臣などの(　⑤　)が会議をおこない、天皇が決定をくだす形式をとった。太政官の下には実務を担当する(③)がおかれ、各役所には、**長官**・**次官**・**判官**・**主典**の(　⑥　)がおかれた。

c　全国は**畿内**・(　⑦　)に行政区分され、国・郡・里が設けられ、国司・郡司・里長が任じられた。

d　**国司**には中央から貴族が派遣され、役所である(　⑧　)(国衙)を拠点として国内を統治した。国司は、郡ごとに現地の豪族から任命された(　⑨　)たちを指揮して、人民を**戸籍**に登録し、これを50戸ずつの(　⑩　)に編成した。

e　外交・軍事の要地である九州北部には(　⑪　)をおいた。

f　役所に勤務する官人には、(　⑫　)とこれに応じた役職に対する給与があたえられ、大部分の税も免除された。上級の官人はかつての畿内の大豪族で、**蔭位の制**により貴族としての特権を保った。

g　司法制度では、刑罰に笞・杖・徒・流・死の(　⑬　)があり、国家・社会の秩序をまもるため、天皇・尊属などに対する罪は重罪とされた。

民衆の生活

a　人びとは戸に編成されたうえで、6年ごとにつくられる(　⑭　)に登録され、6歳以上になると、**班田収授法**にもとづいて、性別・身分に応じた面積の(　⑮　)をわけあたえられた。

b　庶民の負担は、(⑮)に課せられる(　⑯　)として収穫の3%程度を負担したほか、成人男性には一定量の布や特産品などをおさめる(　⑰　)や、歳役のかわりに布などをおさめる(　⑱　)の負担があった。これらを中央政府まで運ぶ**運脚**も義務づけられた。

c　国司の命令で、土木工事や雑用に奉仕する**雑徭**も課された。

d　国家による稲の強制貸付である**出挙**(公出挙)もあった。

e　正丁には3〜4人に1人の割合で兵役の義務も課せられた。諸国の**軍団**に配属されたが、京の警備にあたる**衛士**や、九州などの防衛にあたる(　⑲　)となる者もあった。

f　身分制度では、人びとは良民と(　⑳　)にわけられた。良民の多くは農民であり、(⑳)には官有と私有の者があったが、人口の数%程度の割合であった。

古代の戸籍

次の写真をみて、①②の問いに答えてみよう。

①写真の戸は、どのような家族構成になっているだろうか。

②写真の戸の人数に注目して、現代の戸籍との違いや古代の戸籍の特徴を説明してみよう。

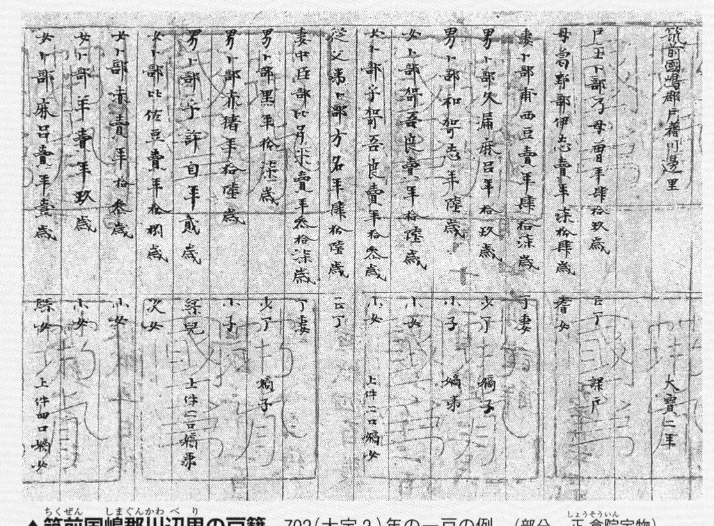

筑前國嶋郡川邊里　大寶二年
戸主卜部乃母曽　年肆拾玖歳　正丁　課戸
母葛野部伊志賣　年漆拾肆歳　耆女
妻卜部甫西豆賣　年肆拾漆歳　丁妻
男卜部久漏麻呂　年拾玖歳　少丁　嫡子
男卜部和哿志　年陸歳　小子　嫡弟
女卜部哿吾良賣　年拾陸歳　小女
女卜部乎哿吾良賣　年拾参歳　小女　上件二口嫡女
従父弟卜部方名　年肆拾陸歳　正丁
妻中臣部比多米賣　年参拾漆歳　丁妻
男卜部黒　年拾漆歳　少丁　嫡子
男卜部赤猪　年拾陸歳　小子
男卜部子許自　年貳歳　緑児　上件二口嫡弟
女卜部比佐豆賣　年拾捌歳　次女
女卜部赤賣　年拾参歳　小女
女卜部哿手賣　年玖歳　小女
女卜部麻呂賣　年壹歳　緑女　上件四口嫡女

▲**筑前国嶋郡川辺里の戸籍**　702（大宝２）年の一戸の例。（部分、正倉院宝物）

3　平城京の時代

㊕ p.34〜37

Check

①

②

③

④

⑤

⑥

⑦

⑧

⑨

⑩

⑪

⑫

⑬

⑭

⑮

⑯

⑰

⑱

⑲

遣唐使

a　日本は全盛期を迎えた唐に(　①　)を派遣し、その文化を取り入れようとしたほか、朝鮮半島の**新羅**や、中国東北部の**渤海**との交渉もさかんであった。(①)は、初期は朝鮮半島沿いの**北路**をとったが、8世紀以降新羅との関係が悪化すると、東シナ海を横断する**南路**をとった。

b　使節や留学生は唐の文物・制度や仏教の経典などをもたらしたが、**玄昉**や(　②　)のように、帰国後に中央政界で活躍する者もでた。また、唐僧の**鑑真**は何度も渡航に失敗したが、日本に(　③　)を伝えた。

平城京の繁栄

a　710年に、都が**藤原京**から**平城京**に移された。平城京は唐の都長安にならい、(　④　)で建設された。京内には**大安寺**・(　⑤　)・**元興寺**・**興福寺**、のちに**東大寺**・**西大寺**などの**大伽藍**が立ち並んだ。

b　平城京には東西の**市**が設けられ、**市司**が監督した。**富本銭**に続き(　⑥　)がつくられ、**畿内**を中心に流通した。また官道が整備され、約16kmごとに**駅家**を設け、都と地方を行き来する官人が利用した。

c　東北地方の**蝦夷**に対し、**出羽国**をおき、**秋田城**を築き、**陸奥国**には(　⑦　)を築いた。九州南部の**隼人**に対しては**薩摩国**、**大隅国**をおいた。

政治・社会の動揺

a　(　⑧　)の子の4兄弟は、729年に(　⑨　)を自殺に追いこみ、**光明子**を(　⑩　)天皇の**皇后**にたてた。

b　4兄弟が**疫病**で倒れると、その後は、皇族出身の(　⑪　)が政権をにぎった。これに反発した**藤原広嗣**は、九州で乱をおこし、敗死した。

c　(⑩)天皇は**遷都**を繰り返し、この間、(　⑫　)建立や(　⑬　)造立など、仏教の力で国家の安泰をはかろうとした。

d　**孝謙天皇**の時代には、(　⑭　)(恵美押勝)が権力を独占したが、孝謙太上天皇と対立し、**挙兵**したが敗死した。**称徳天皇**のもとでは(　⑮　)が権勢をふるったが、天皇が亡くなると追放された。

新しい土地政策

a　農民のなかには、重い負担をのがれるために(　⑯　)や**逃亡**する者も多かった。また、人口が増加すると**口分田**は不足するようになった。

b　722年、耕地を増やすために(　⑰　)を出したが成果はあがらず、翌年には(　⑱　)を出し、期限つきで土地の私有を認めて**開墾**を**奨励**した。

c　743年には(　⑲　)を出し、開墾した土地の永久私有を認めた。この法は**初期荘園**が広がる原因ともなった。

国分寺建立と大仏造立

次の史料を読んで、①②について説明してみよう。

①傍線❶の「菩薩の大願」とはどのような願いだろうか。この時代には どのようなことが起こっていたかをふまえて、説明してみよう。

②傍線❷の「朕」(私)とは誰だろうか。

大仏造立の詔

詔して曰く、「……粤に天平十五年歳次癸未十月十五日を以て、❶菩薩の大願を発して盧舎那仏の金銅像一軀を造り奉る。……夫れ天下の富を有つ者は❷朕なり。天下の勢を有つ者も朕なり。この富勢を以てこの尊像を造る。……」と。

(『続日本紀』)

4　律令国家の文化

教 p.38〜41

Check

①

②

③

④

⑤

⑥

⑦

⑧

⑨

⑩

⑪

⑫

⑬

⑭

⑮

⑯

⑰

⑱

⑲

⑳

白鳳文化

a　(　①　)天皇と**持統天皇**の時代は、天皇の権威が高まり、新しい律令国家を建設しようとする意欲に満ちていた。**藤原京**を中心としたこの時代の文化を**白鳳文化**とよぶ。

b　(①)天皇によって、**薬師寺**などの大寺院がたてられ、国家が寺院・僧侶を統制した。神社の編成がすすみ、(　②　)が重んじられた。

c　文芸では、宮廷で(　③　)がさかんになったほか、**和歌**も五七音の詩型が定まり、(　④　)らの歌人が、心情を表現する歌をよんだ。

d　建築では薬師寺の(　⑤　)が、彫刻では**興福寺仏頭**などの金銅像が、時代の雰囲気をあらわしているといわれる。

e　絵画では、(　⑥　)古墳の壁画に中国や朝鮮半島の影響がみられ、焼損した(　⑦　)の壁画は、インドや西域の様式も取り入れている。

天平時代の文芸と学問

a　奈良時代には平城京を中心に、律令国家の繁栄を背景とした、貴族文化が展開した。これを**天平文化**とよび、遣唐使がもたらした最盛期の(　⑧　)文化の影響が強い、国際色豊かな文化であった。

b　国家意識の高まりは、『**古事記**』や『(　⑨　)』などの歴史書の編さん事業にあらわれ、10世紀初めまで(　⑩　)がつくられた。また各地の地理・産物・伝説などをまとめた(　⑪　)が編さんされた。

c　文芸では、**漢詩文**が重んじられ、『(　⑫　)』が編集され、淡海三船らの文人が出た。和歌では山上憶良・**大伴家持**らの歌人が出て、8世紀末には『(　⑬　)』が編集された。『(⑬)』には天皇や貴族の歌のほか、**東歌**・(　⑭　)歌など地方農民の歌もおさめられている。

d　貴族や豪族の子弟を対象に、儒教の経典を学ばせる教育機関として、中央に(　⑮　)、諸国に**国学**がおかれた。

天平時代の仏教と美術

a　奈良時代の仏教は、(　⑯　)の思想のもと、国家の保護をうけて発展した。僧侶たちは経典を読み、(　⑰　)とよばれる仏教理論を研究した。

b　(　⑱　)は、民衆への布教や社会事業に力をつくした。

c　美術では、仏教美術が中心で、絵画などがえがかれた。建築では(　⑲　)金堂などがつくられた。(　⑳　)宝庫も**校倉造**の貴重な建物である。彫刻では、乾漆像や塑像などが多くつくられ、(⑲)の**鑑真像**には、繊細で表情豊かな表現がみられる。

d　聖武天皇の遺品を中心とする(⑳)宝物には、西域・東ローマ・西アジア・インド産のものもあり、国際性を物語っている。

読みとき

天平文化の国際性

次の写真をみて、どのようなところに日本と世界とのつながりがみえるか、説明してみよう。

▲ガラスの碗（わん）　正倉院宝物。ササン朝で製作されたカットグラスの碗。

◀鳥毛立女屛風（ちょうもうりゅうじょびょうぶ）（左）と樹下美人図（じゅかびじんず）（右）
左は正倉院宝物。右は西域のトルファンの出土（MOA美術館蔵）。

5　律令国家の変容(1)

教 p.42～44

平安遷都

a　光仁天皇のあとをうけた(　①　)天皇は、寺院勢力の強い平城京から、水陸交通の便利な山背(山城)の地へ都を移すことにした。まず784年に(　②　)へ、ついで794年に**平安京**へ遷都した。

b　地方政治の立直しをめざした(①)天皇は、とどこおりがちになっていた班田収授の継続につとめるとともに、雑徭や出挙などの農民の負担を軽くした。

c　兵制も改め、諸国の(　③　)を廃止し、あらたに郡司の子弟たちを(　④　)とし、国府の守備などにあたらせた。

d　国司が交代するときの事務引継ぎの審査を厳しくするため(　⑤　)を設けて、国司に対する監督を強めた。

e　東北地方では、城柵を築いて進出する政府に対し、奈良時代の末期から支配に服さない(　⑥　)の反抗が激しくなっていた。**坂上田村麻呂**は(　⑦　)として制圧をはかり、(⑥)の族長(　⑧　)を服属させ、鎮守府は、**多賀城**から胆沢城へ移された。

f　あいつぐ都の造営と東北での戦いは、国家財政や民衆の重い負担となったため、この**二大事業**は停止された。

律令支配の変容

a　平城太上天皇の変に際して、(　⑨　)天皇は、天皇の秘書官長として(　⑩　)を設け、(　⑪　)らを任命して天皇の命令を速やかに伝えた。また、都の治安維持のために(　⑫　)が設けられた。このような、令に定められていない新しい官職を(　⑬　)という。

b　(⑨)天皇は、律令をおぎなったり改めたりする(　⑭　)と、律令を施行する際の細則である(　⑮　)を分類・編集し、(　⑯　)にまとめあげた。これは、清和天皇の**貞観格式**、醍醐天皇の**延喜格式**とあわせて(　⑰　)とよばれる。

c　令の解釈を公式に統一した『**令義解**』もつくられた。

d　政府は有力農民を管理人に採用し、農民に食料や労賃をあたえて土地を耕作させ、その収益を国家の財源にあてることにした。この経営方式を取り入れたのが、大宰府管内の(　⑱　)、畿内の(　⑲　)である。

Check

①

②

③

④

⑤

⑥

⑦

⑧

⑨

⑩

⑪

⑫

⑬

⑭

⑮

⑯

⑰

⑱

⑲

令外官

次の表をみて、①②の問いに答えてみよう。

①空欄(　ア　)・(　イ　)に入る官職は何だろうか。
②「令外官」という呼び名に注目して、こうした官職が設置された理由を考えてみよう。

▼おもな令外官

官職	設置年代	天皇	主要な職務
中納言(ちゅうなごん)	705	文武(もんむ)	大納言についで政務に関与する
参議	731	聖武(しょうむ)	中納言につぐ職で公卿(くぎょう)会議に参加する
内大臣	777	光仁	左右大臣のいないときに政務・儀式(ぎしき)にあたる。右大臣につぐ地位
征夷大将軍	794	桓武(かんむ)	蝦夷との戦争のための最高軍事指揮官
勘解由使	797？	桓武	国司交代の際の不正や紛争をなくすために、引継ぎ文書(解由状)を審査する
(　ア　)	810	嵯峨(さが)	天皇の命令を太政官組織にすみやかに伝えるために設けられた秘書官長
(　イ　)	816	嵯峨	都における犯人検挙、風俗(ふうぞく)取締り、訴訟・裁判を扱う。別当が統轄
関白(かんぱく)	884	光孝(こうこう)	天皇を補佐し、すべての政務に関与する

6　律令国家の変容(2)

㊝ p.44～46

Check

①

②

③

④

⑤

⑥

⑦

⑧

⑨

⑩

⑪

⑫

⑬

弘仁・貞観文化

a　8世紀末から9世紀末ころまで平安京を中心に栄えた文化を、嵯峨天皇と清和天皇の年号から(　①　)**文化**とよぶ。

b　宮廷の繁栄を背景とした**漢詩文**の流行や**密教**の広まりなど、唐文化の影響がみられる。貴族たちは、すぐれた漢詩文をつくって教養を示そうとし、国家事業として漢詩文集も編集された。

c　大学では、歴史や文学の教育が重んじられ、有力な貴族は(　②　)という寄宿舎を設けて、一族の子弟を勉学にはげませた。

d　仏教界では**最澄**・**空海**があらわれ、革新の動きがおこった。唐に留学した最澄は、帰国後、法華経の教えにもとづく(　③　)宗を開き、**比叡山**に(　④　)をたてた。

e　空海も唐へ渡り、秘密の呪法によって仏の真理にふれようとする**密教**を学んだ。帰国後、(　⑤　)宗を開いて、京都の教王護国寺(東寺)を密教の道場とし、また**高野山**に(　⑥　)をたてた。

f　(　③　)宗にも円仁・円珍によって密教が取り入れられた。貴族たちも、(　⑦　)が得られるとして密教を信仰し、さかんに(　⑧　)をおこなった。

g　山中で修行を積みながら、さまざまな修法で国家の安全を祈ろうとする密教は、のちに在来の山岳信仰と結びつき、(　⑨　)を生み出した。

h　神社の境内に神宮寺をたてたり、神前で経典を読んだりするなど、仏教が在来の神々への信仰と融合する(　⑩　)とよばれる動きがうまれていたが、この傾向は弘仁・貞観期にさらにすすんだ。

i　彫刻では、いかめしい表情をした**不動明王像**など、密教の仏像が登場した。多くは1本の木材から像を彫り出す(　⑪　)で、神秘的な表現を特色としている。

j　絵画では、密教の仏の世界を独特の構図で描写する(　⑫　)が発達した。

k　書道では、唐風の書が広まり、名手であった**嵯峨天皇**・**空海**・**橘逸勢**が、のちに(　⑬　)と称された。

仏教の刷新

平安時代前期における仏教の変化について、次の「平城京」と「平安京」の図を比べ、①②の問いに答えてみよう。

①奈良時代の仏教と、平安時代前期の仏教の違いを、図から読みといてみよう。
②密教が後世に与えた影響について考えてみよう。

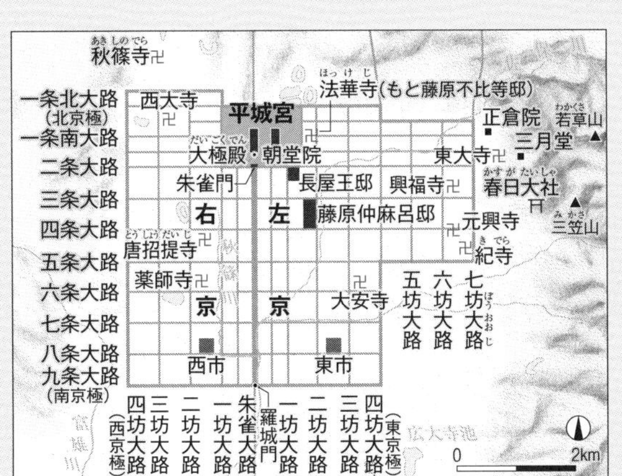

▲平城京

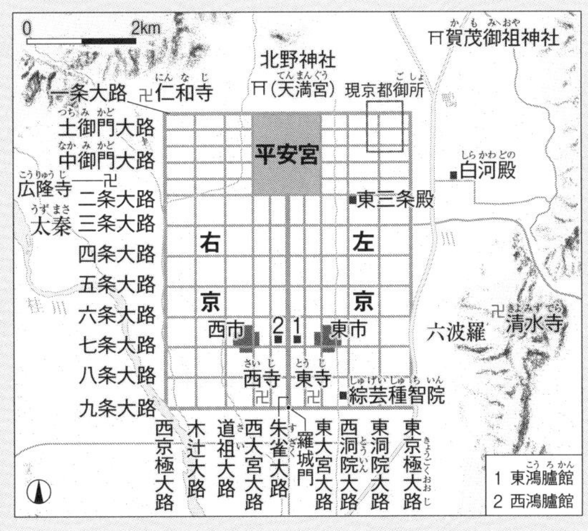

▲平安京　寺院は平安時代前期までに創建のもの。

第4章

貴族政治の展開

1　摂関政治

教 p.48〜51

藤原氏の発展

a　藤原氏北家の藤原冬嗣は、嵯峨天皇のもとで(　①　)となった。

b　藤原冬嗣の子の(　②　)は、伴健岑・橘逸勢らを842年の(　③　)でしりぞけ、858年には孫で幼い清和天皇を即位させ、摂政となった。866年には伴氏と紀氏を(　④　)で没落させた。

c　(②)のあとをうけた(　⑤　)は、884年に関白となった。

d　(⑤)の子時平は、右大臣(　⑥　)を大宰府に左遷した。

e　10世紀前半の醍醐・村上両天皇時代は、後世に(　⑦　)とよばれた。

f　969年に左大臣源高明が(　⑧　)で左遷されると、藤原氏北家の勢力は不動のものとなった。

摂関政治

a　天皇が幼いときは摂政が、成人したのちは関白が太政官の上にたって政治をおこなった。これを(　⑨　)とよぶ。

b　摂政・関白は天皇の(　⑩　)として実権をにぎる一方、藤原氏の「氏の長者」を兼ねて一族を統制した。

c　摂関の地位をめぐる摂関家の内部の争いは、(　⑪　)のときにおさまり、(⑪)と子の(　⑫　)の時代に全盛期をむかえた。

地方支配と受領

a　地方では、班田の実施が困難となり、(　⑬　)を偽って成人男性の登録を少なくして税の徴収をまぬがれようとすることがふえていた。

b　10世紀になると、最上席の国司に対し、徴税の責任と引きかえに一国内の政治全般をゆだねた。この地位は、(　⑭　)とよばれた。

c　(⑭)は有力農民の(　⑮　)に耕作させ、税を徴収した。その田地を(　⑯　)とよび、請け負った有力農民(負名)の名がつけられた。

d　国司のなかには、現地に行かずに収入を受け取る遙任がふえ、(⑭)のなかには、尾張守藤原元命のように苛政を訴えられた者もいた。私財を朝廷に提供するかわりに役職に任じてもらう(　⑰　)や、同様にして(⑭)などに再任される重任がさかんにおこなわれた。

国際関係の変化

a　8世紀末には(　⑱　)からの公式な使節の来日はなくなったが、(⑱)や唐の商人をつうじて、大陸の情報を得ていた。

b　唐が衰え、894年、菅原道真の提案で遣唐使の派遣は中止された。

c　朝鮮半島では(　⑲　)がおこり、中国は宋により統一された。

Check

①
②
③
④
⑤
⑥
⑦
⑧
⑨
⑩
⑪
⑫
⑬
⑭
⑮
⑯
⑰
⑱
⑲

国司の暴政

次の史料を読んで、①～③の問いに答えてみよう。

①傍線❶について、郡司百姓等が「解」す(上申する)相手はどこか、答えてみよう。

②従来の国司と郡司の役割は、どのようなものだっただろうか。

③地方行政にたずさわった国司(受領)が、このような暴政を働いたのはなぜだろうか。

尾張国郡司百姓等解

❶尾張国郡司百姓等解❶し申し請ふ官裁❷の事
　裁断せられむことを請ふ、当国の守藤原朝臣元命、三箇年の内に責め取る非法の官物幷せて濫行横法三十一箇条の(愁状)□□❸

一、……例挙❹の外に三箇年の収納、暗に以て加徴せる正税四十三万千二百四十八束が息利の十二万九千三百七十四束四把一分の事。

一、……守元命朝臣、京より下向する度毎に、有官❺、散位❻の従類、同じき不善の輩を引率するの事。……望み請ふらくは件の元命朝臣を停止して良吏を改任せられ……。

　永延二年❼十一月八日　　郡司百姓等

❶上申する文書の形式。❷太政官の判断。❸嘆願書。❹定例の出挙。省略した部分に正税二四万六一一〇束、息利七万三八六三束(利率三割)が定例とある。❺位に応じて官職をもつ者。❻官職はないが位階をもっている者。❼九八八年。

2　国風文化　(教) p.52～54

Check

①
②
③
④
⑤
⑥
⑦
⑧
⑨
⑩
⑪
⑫
⑬
⑭
⑮
⑯
⑰
⑱
⑲

かな文学

a　10～11世紀ころ、それまで吸収してきた中国の文化をふまえつつ、より洗練された優美な貴族文化である(　①　)文化がうまれた。

b　文化の国風化を象徴するのが、(　②　)の発達である。片かなは仏教の経典を読むために考え出された。平がなは万葉仮名をくずしたもので、おもに貴族の女性のあいだで使われた。

c　漢詩にかわって(　③　)がさかんになり、10世紀初めには、はじめて天皇の命令による和歌集が編さんされた。これが『(　④　)』で、編者の1人である**紀貫之**ら、多くの歌人が出た。

d　かなの物語や随筆・日記も書かれ、『竹取物語』『伊勢物語』に続いて、宮廷につかえた女性である**紫式部**の『(　⑤　)』や**清少納言**の『(　⑥　)』などがうまれた。

e　書道では和様が発達し、小野道風・藤原佐理・藤原行成の(　⑦　)とよばれる名手があらわれた。

浄土信仰

a　阿弥陀仏を信仰し、災害や治安の乱れが続く世の不安から逃れ、来世で極楽浄土にうまれかわることを願う教えである(　⑧　)が広まった。

b　10世紀なかば、平安京の市で(　⑨　)が念仏をすすめ、その後、**源信**が比叡山で『(　⑩　)』を著した。さらに、(　⑪　)思想が流行し、浄土の信仰はますます人びとの心をとらえた。

c　藤原頼通は、宇治に(　⑫　)をたてた。堂内に安置された**阿弥陀如来像**の作者である**定朝**は(　⑬　)の技法を完成させた。

d　絵画では、阿弥陀仏が迎えに来る場面を示す(　⑭　)がえがかれた。

e　**神仏習合**がすすみ、日本古来の神は仏が仮に姿をかえてこの世にあらわれたものとする(　⑮　)が広まった。

f　疫病や飢饉などから逃れようと、怨霊や疫神をまつる(　⑯　)がもよおされた。

貴族の生活

a　貴族たちの正装は、男性が**束帯**で、女性は(　⑰　)とよばれる女房装束であった。

b　住宅も日本風となり、白木をもちいて屋根を檜皮葺にした(　⑱　)で、内部の仕切りには日本の風物を題材にした(　⑲　)がえがかれた。

c　工芸では、漆で文様をえがき、その上に金・銀などの粉を蒔きつける**蒔絵**や、南島産の貝の光沢を利用した**螺鈿**の技法も発達し、調度品に用いられた。

かなの発達

次の図をみて、①〜③の問いに答えてみよう。

①「片かな」は、どのように考えだされたか、図をみて説明してみよう。

②かな(「仮名」)に対して、漢字は「真名(まな)」と呼ばれていたが、片かな・平がなは、なぜ「かな」とよばれていたのか、呼び名に注目して考えてみよう。

③なぜ「平がな」は女文字(おんなもじ)とされていたのか、考えてみよう。

ア	イ	ウ	エ	オ	カ	キ
阿	伊	宇	江	於	加	幾
阝	イ	宀	工	扵	カ	[illegible]
ア		ウ		オ		さ
						キ

い	ろ	は	に	ほ	へ	と
以	呂	波	仁	保	部	止
[illegible]	[illegible]	[illegible]	に	[illegible]	阝	[illegible]
い	ろ	は	に	は	て	と
い	ろ	は		ほ	へ	と

▲かなの発達 上は片かな、下は平がなの例である。

3　荘園の発達と武士団の成長　㊖ p.55～57

Check

①

②

③

④

⑤

⑥

⑦

⑧

⑨

⑩

⑪

⑫

⑬

⑭

⑮

⑯

⑰

荘園と公領

a　11世紀になると、地方では、任地に土着した国司の子孫たちや豪族が力を強め、広い地域を支配するまでに成長して(　①　)とよばれる者も多くなった。彼らは国司に対抗し、所領を貴族や大寺社に寄進して荘園領主として仰ぎ、(　②　)荘園がうまれた。

b　預所や下司などの荘官に任命された(①)は、実質的に荘園を管理し、中央の権威にまもられて現地の支配力を強めた。

c　10世紀以降、税を免除される(　③　)の権を認められた荘園がふえ、11世紀になると、国司が荘園内に立ち入って田地を調査することを拒否する(　④　)の権も得た荘園が多くなった。

d　11世紀後半、受領から中央政府へ送られる税収は減少し、天皇家・摂関家・大寺社は、積極的に荘園の寄進をうけ、荘園は拡大していった。

e　現地の有力者たちは国務を担う(　⑤　)となり、国司が支配する公領も、自分たちの領地のように扱うようになっていった。

f　耕地の大部分は(　⑥　)にわけられ、土地との結びつきを強めて(　⑦　)とよばれるようになった農民に割りあてられた。

武士団の成長

a　土着した国司の子孫や地方の豪族たちは武装し、弓矢をもち、馬に乗って戦う**武士**となった。彼らは(　⑧　)とよばれる一族や、(　⑨　)とよばれる従者をひきいて(　⑩　)をつくりあげていった。

b　各地の(⑩)は任地に住みつづけている中・下級貴族の出身者を(　⑪　)として仰ぎ、より大きな連合体をつくっていった。その代表が、**桓武平氏**と**清和源氏**である。

c　桓武平氏は、東国に勢力をもっていたが、10世紀なかばに(　⑫　)が乱をおこし、一族の**平貞盛**らに討たれた。

d　もと伊予の国司であった(　⑬　)が、**瀬戸内海**の海賊をひきいて兵をあげたが、清和源氏の**源経基**らによって鎮圧された。

e　(⑫)や(⑬)の乱をあわせて(　⑭　)とよぶ。これらの乱をつうじて、朝廷や貴族は武士を(　⑮　)として奉仕させ、武士を利用して都や地方の治安維持をはかるようになった。

f　11世紀初めに、東北アジアの沿海州に住む(　⑯　)(女真人)が九州北部をおそったが、大宰権帥の藤原隆家が九州の武士を指揮して撃退した。

g　11世紀になると、**源頼信**が上総でおこった(　⑰　)を制圧して、清和源氏の東国進出のきっかけとした。

荘園の寄進

下の史料を読んで、①②の問いに答えてみよう。

①空欄(　ア　)〜(　ウ　)にあてはまる語句を、史料の中から選んで答えてみよう。

　任地に土着した国司の子孫や豪族が力を強め、広い地域を支配する(　ア　)とよばれるようになった。彼らは国司に対抗して所領を貴族や大寺社に寄進し、荘園領主として仰いだ。荘園領主は(　イ　)とよばれ、さらに上級の権力者である(　ウ　)に寄進された。

②なぜ国司や地方支配のあり方が変化したのか、説明してみよう。

鹿子木❶の事

1 一、当寺の相承は、開発領主沙弥❷寿妙嫡々相伝の次第なり。

2 一、寿妙の末流高方❸の時、権威を借らむがために、実政卿❹を以て領家と号し、年貢四百石を以て割き分ち、高方は庄家領掌進退の預所職❺となる。

4 一、実政の末流願西❻微力の間、国衙の乱妨を防がず、この故に願西、領家の得分❼二百石を以て、高陽院内親王❽に寄進す。

……これ則ち本家の始めなり。

(『東寺百合文書』)

❶肥後国(熊本県)鹿子木荘。❷在俗の僧。❸寿妙の孫、中原高方。❹当時、大宰大弐であった従二位藤原実政。❺預所は下司・公文などの下級荘官を指揮して現地を管理・支配する荘園領主の代官。職は職務とそれにともなう権益のこと。❻藤原隆通の法名。❼領家の収益。❽鳥羽天皇の皇女。

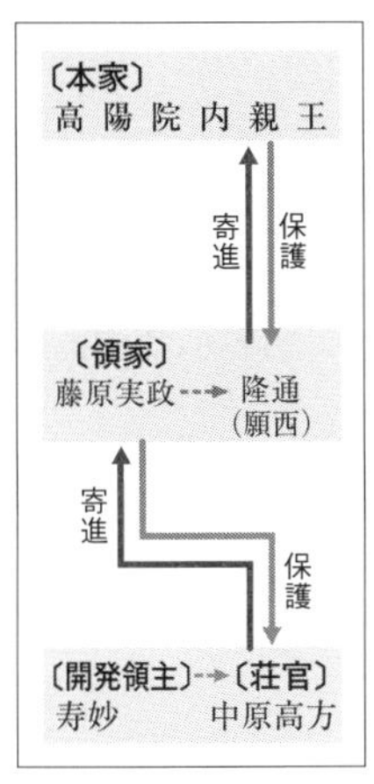

第5章

院政と武士の進出

1　院政の始まり

㊙ p.60〜62

Check

①

②

③

④

⑤

⑥

⑦

⑧

⑨

⑩

⑪

⑫

⑬

⑭

日本列島の大きな変化

a　11世紀後半になると、朝廷では政治の転換期をむかえた。天皇家・摂関家・大寺社は、税収が減少するなかで(　①　)の拡大をはかった。

後三条天皇の荘園整理

a　天皇家に嫁いだ関白藤原頼通の娘には、男子がうまれなかった。このため藤原氏の娘を母としない(　②　)天皇が即位した。

b　(②)天皇は、1069年に延久の(　③　)を出した。中央に**記録荘園券契所**を設けて、新しい荘園や証拠書類のそろわない荘園の停止を命じた。摂関家の荘園も例外なく停止され、成果をあげた。

c　1国の編成は、荘園と郡・郷などの公領で構成される(　④　)制に変化していった。

院政の成立と展開

a　源氏は、**前九年合戦**や**後三年合戦**を通じて、東国武士団との主従関係を強め、(　⑤　)としての地位をかためていった。

b　1086年、(　⑥　)天皇は堀河天皇に位をゆずり、上皇として院庁を開き、(　⑦　)を始めた。

c　院庁から出される**院庁下文**や、上皇の命令を伝える(　⑧　)が力をもつようになった。

d　上皇は富裕な受領や台頭する武士を(　⑨　)とし、**北面の武士**に組織した。

e　(⑦)は、(⑥)・鳥羽・(　⑩　)の3代100年あまり続いた。(⑦)は、武士団の台頭・荘園公領制の成立など、新しい社会の動きに応じた政治のあり方であり、中世の開幕を意味した。

f　3人の上皇は出家して**法皇**となった。**法会**の開催、大寺院の建立、**熊野詣**などの費用をまかなうために**売位**・**売官**がおこなわれた。また、1国の支配権と収益を上級貴族たちにあたえる(　⑪　)の制度が広まった。そのため、院など権力者への荘園の**寄進**が激増した。

g　荘園の拡大をめざす大寺院は、(　⑫　)をかかえて国司と争い、自分たちの要求を通すために(　⑬　)をおこなった。なかでも春日神社の**神木**をおしたてた興福寺(南都)と日吉神社の**神輿**をおしたてた延暦寺(北嶺)は有名であった。

h　奥羽地方では、**藤原清衡**が、(　⑭　)に根拠地を移して、3代100年にわたる**奥州藤原氏**が繁栄する基礎を築いた。

記録荘園券契所の設置

次の史料を読んで、①〜④の問いに答えてみよう。

①「宣旨・官符モナクテ公田ヲカスムル事」（傍線❶）とはどのようなことだろうか。「宣旨・官符」「公田」が何か言及したうえで、答えてみよう。

②「宇治殿」（傍線❷）とは誰のことだろうか。また、なぜ「宇治」の地名がつくのか考えてみよう。

③「一ノ所ノ御領」（傍線❸）とはどのような意味だろうか。

④二重線の「延久ノ記録所」（記録荘園券契所）は何を目的としたのか。①〜③をふまえたうえで説明してみよう。

記録荘園券契所の設置

コノ後三条位ノ御時、……延久ノ記録所トテハジメテヲカレタリケルハ、諸国七道ノ所領ノ❶宣旨・官符モナクテ公田ヲカスムル事、一天四海ノ巨害ナリトキコシメシツメテアリケルハ、スナハチ❷宇治殿ノ時、❸一ノ所ノ御領ノ所ノ御領トノミ云テ、庄園諸国ニミチテ受領ノツトメタヘガタシナド云ヲ、キコシメシモチタリケルニコソ。

（『愚管抄』）

2　院政と平氏政権　教 p.63〜66

保元・平治の乱

a　摂関家と結んでいた源氏が衰えをみせたのに対し、伊勢などを地盤とする**平氏**は、院に近づいて力をのばした。

b　1156年、鳥羽上皇が亡くなると、政治の実権をめぐって(　①　)天皇と**崇徳上皇**が争った。これに摂関家の継承争いがからみ、さらには源平両氏の武士が動員された。乱は天皇方の勝利で終わり、この争いを(　②　)といい、武士の進出をうながしたできごとであった。

c　1159年、(①)上皇の近臣のあいだの対立から、戦いの主導権を武士がにぎり、争いがおこった。これを(　③　)という。源平対決の結果、武力で上回る(　④　)が**源義朝**に勝利し、朝廷における平氏の地位が高まった。

d　(④)は、大陸との貿易にも着目し、摂津の(　⑤　)を修理し、**日宋貿易**にも力を入れた。貿易は平氏政権をうるおし、日本の文化や経済に影響を与えた。

平氏政権

a　**平清盛**は、武士として前例のない昇進をとげ、(　⑥　)となり、一族は高位高官についた。また、平清盛の娘(　⑦　)を高倉天皇の妃とし、その子(　⑧　)天皇が即位すると**外戚**として権力をふるった。

b　平氏は、多くの(　⑨　)と荘園を経済的基盤とするなど、権力のあり方は摂関家を踏襲しており、貴族的性格も強かった。そのため、貴族たちと利害がぶつかり、後白河法皇や院近臣たちとの対立を深めた。

c　1179年、平清盛は、後白河法皇を鳥羽殿に幽閉して、**院政を停止**させたが、かえって反平氏勢力がまとまるきっかけになった。

院政期の文化

a　院政期には、『将門記』のような軍記物語、『(　⑩　)』のような説話集、**今様**、田楽などに、武士や庶民の新しい動きが表現された。

b　後白河法皇が編纂した今様の『(　⑪　)』や、藤原氏の繁栄を回顧する**歴史物語**の『大鏡』などがうまれた。

c　絵画では、絵と詞書を織りまぜながら時間の進行を表現する(　⑫　)が発達し、『源氏物語絵巻』『伴大納言絵巻』『鳥獣人物戯画』などがつくられた。

d　平氏があつく信仰した安芸の(　⑬　)には『**平家納経**』がつたわっている。

e　奥州藤原氏が**平泉**にたてた(　⑭　)などは、浄土信仰が全国各地に広まったことを示している。

Check

①
②
③
④
⑤
⑥
⑦
⑧
⑨
⑩
⑪
⑫
⑬
⑭

平氏の繁栄

次の史料を読んで、①〜④の問いに答えてみよう。

①傍線❶の「六波羅殿」とは、誰のことだろうか。

②「此一門にあらざらむ人は皆人非人なるべし」(傍線❷)と話した人物は誰だろうか。史料から抜き出してみよう。また、「一門」とは何のことだろうか。

③傍線❸から、どのような内容を読みとることができるだろうか。

④③をふまえたうえで、平氏の土地領有は、摂関家の時代とくらべて、どのようなことを指摘できるだろうか。

平氏の繁栄

❶六波羅殿の御一家の君達といひてしかば、花族も栄耀も面をむかへ肩をならぶる人なし。されば入道相国のこじうと平大納言時忠卿ののたまひけるは、「❷此一門にあらざらむ人は皆人非人なるべし。」とぞのたまひける……。日本秋津嶋は纔に六十六箇国、❸平家知行の国卅(三十)余箇国、既に半国にこえたり。其外庄園田畠いくらといふ数を知ず。(『平家物語』)

第6章

武家政権の成立

1　鎌倉幕府の成立と展開(1)　教 p.72〜74

Check

①

②

③

④

⑤

⑥

⑦

⑧

⑨

⑩

⑪

⑫

⑬

⑭

源平の争乱

a　1180年、後白河法皇の皇子(　①　)と源氏の源頼政が平氏打倒の兵をあげた。この挙兵は失敗に終わったが、伊豆の(　②　)と木曽の源義仲ら、各地の武士団も挙兵した。

b　平氏は、平清盛の死や西国一帯の大飢饉で打撃をうけ、1183年、義仲の軍に追われて、西国へ逃れた。(②)は、後白河法皇から東国支配権を手に入れると、弟の(　③　)らを都にむかわせて義仲を討った。

c　ついで、(③)らは平氏と戦い、摂津の一の谷、讃岐の屋島の合戦をへて、1185年、平氏を長門の(　④　)でほろぼした。

d　平氏滅亡後、後白河法皇は源義経に(②)追討の命令をくだしたが、失敗した。逆に(②)は、義経追討の命令を得た。

e　1189年、(②)は朝廷の命令を待たずに、源義経をかくまっていた(　⑤　)をほろぼして全国を平定し、1192年に(　⑥　)に任じられた。

幕府の誕生

a　源頼朝は、**鎌倉**を本拠地として東国に武家政権をたてた。平氏と戦いながら、(　⑦　)・**公文所**(のち**政所**と改称)・**問注所**など支配のしくみをととのえた。

b　1185年の平氏滅亡後には、逃亡中の源義経の捜索を口実に、朝廷から諸国に**守護**・(　⑧　)を任命する権限を得た。

c　守護は国ごとにおかれたが、その職務は大番催促と謀叛人・殺害人の逮捕で、これを(　⑨　)とよんだ。

d　(⑧)は、荘園・公領におかれ、年貢の徴収・納入や土地の管理、治安の維持にあたり、現地支配権をにぎった。朝廷が没収した平家の旧領や謀叛人の所領にも(⑧)がおかれることで、西国にも支配がおよぶようになり、武家政権としての(　⑩　)が確立した。

e　将軍源頼朝は、武士を**御家人**に組織して(　⑪　)を与え、御家人は将軍の従者として**奉公**した。(⑪)には、もともとの所領を認める(　⑫　)、新しく所領をあたえる**新恩給与**などがあった。

f　奉公には、**京都大番役**や戦時における軍役などがあった。このような土地をなかだちとする主従関係を基礎とする制度を(　⑬　)とよぶ。

g　鎌倉時代は、朝廷や貴族・大寺社を中心とする荘園領主の力も強く、京都の公家勢力と鎌倉の武家勢力による(　⑭　)な支配がおこなわれた。

武家の都、鎌倉

次の「平安京」と「鎌倉」の図を比べ、①〜③の問いに答えてみよう。

①平安京の都市としての性格に注目して、特徴のある場所や地名、気づいたことを書き出してみよう。
②鎌倉の都市としての性格に注目して、特徴のある場所や地名、気づいたことを書き出してみよう。
③平安京と鎌倉の共通点と相違点をまとめてみよう。

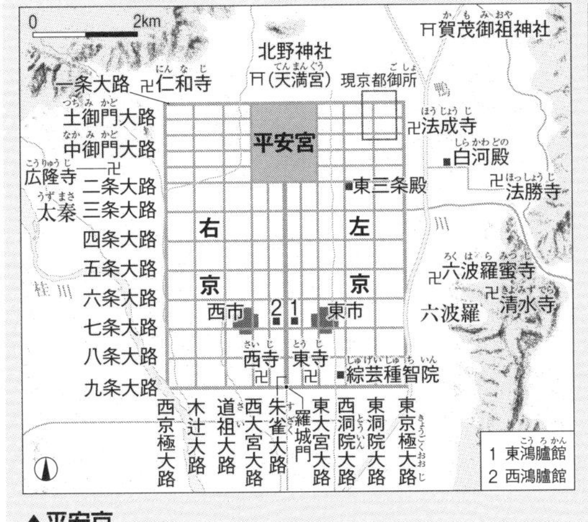

▲平安京

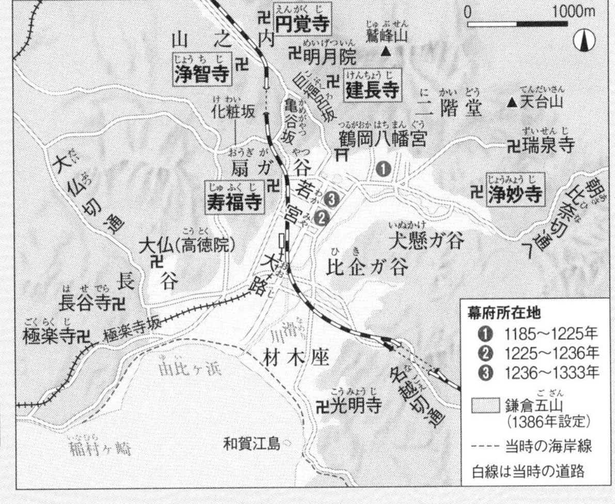

▲鎌倉

2　鎌倉幕府の成立と展開(2)

㊖ p.74～77

Check

①
②
③
④
⑤
⑥
⑦
⑧
⑨
⑩
⑪
⑫
⑬
⑭
⑮
⑯
⑰
⑱

承久の乱

a　源頼朝の死後、御家人たちは2代将軍源頼家の力量に不安を感じ、御家人中心の政治を求める動きを強めた。そのなかで、頼朝の妻**政子**の父(　①　)が主導権をにぎった。頼家をしりぞけ弟の**源実朝**を3代将軍とし、幕府の政所長官として実権をにぎる(　②　)となった。

b　(①)の子(　③　)は、有力御家人の**和田氏**をほろぼし、侍所の長官を兼ねて(②)の地位を強化した。京都では(　④　)上皇が、北面の武士に加え(　⑤　)をおき軍事力を強化していた。

c　源実朝暗殺後、1221年に上皇は(③)追討の命令をくだし、幕府を倒そうとした。この(　⑥　)で、上皇方は幕府側に敗れた。

d　乱後、幕府は仲恭天皇を廃し、(④)上皇らを流罪とした。また、上皇方の貴族・武士の領地を没収して、戦功のあった御家人をその地の**地頭**に任命した。さらに京都に(　⑦　)をおいて朝廷を監視させた。この結果、幕府の支配は畿内・西国の荘園や公領に広がった。

執権政治

a　承久の乱後、幕府は執権(　⑧　)が指導した。執権を補佐する**連署**をおき、有力御家人から**評定衆**を選び、政務や裁判にあたらせた。

b　1232年には、武家最初の法典である(　⑨　)を制定した。この法典は、頼朝以来の**先例**や武家社会の慣習を根拠とした。

c　(⑧)の孫の執権(　⑩　)は、1249年、あらたに**引付衆**をおいて、公平な裁判とその迅速化をめざした。一方北条氏は、有力御家人の三浦一族をほろぼし、また藤原氏の将軍(**藤原将軍**)にかえて皇族から将軍(**皇族将軍**)をむかえ、専制政治の性格を強めた。

武士と農村

a　武士は先祖伝来の土地に住み、領地に堀や塀をめぐらした(　⑪　)をかまえ、周辺の直営地は隷属する(　⑫　)や周辺に住む農民に耕作させ、みずからは荘官や地頭として、現地の支配にあたった。

b　武士は(　⑬　)制によって一族が結びつけられ、土地は(　⑭　)相続された。(⑬)は御家人として、兄弟などの**庶子**を従えて幕府に奉仕し、戦時には一族をひきいて戦った。

c　武士は、戦いにそなえて、(　⑮　)・(　⑯　)・(　⑰　)などで武芸を修練し、戦いになれば「いざ鎌倉」とかけつけた。

d　荘園では、地頭と荘園領主とのあいだで支配権をめぐって紛争がおこった。そこで荘園領主は、地頭に一定額の年貢納入を請け負わせるかわりに、荘園管理をまかせる**地頭請**とすることがあった。また、地頭と荘園領主が土地そのものをわける(　⑱　)をおこなう場合もあった。

荘園絵図

次の荘園絵図について、①～④の問いに答えてみよう。

①図から、２つの勢力が争っていたことがわかる。争っていた二者を、図中の用語を使って答えてみよう。

②図中には、当時の執権北条長時と連署北条政村の「花押」がすえられており、鎌倉幕府がこの争いに関わっていたことがわかる。連署とはどのような立場だろうか。

③「花押」がすえられている朱線は、両者の支配を明確にしたものである。このように土地を分割し、お互いに完全支配を認め合う取決めを何というだろうか。

④①～③をふまえて、この絵図から読み取れる歴史的背景をまとめてみよう。

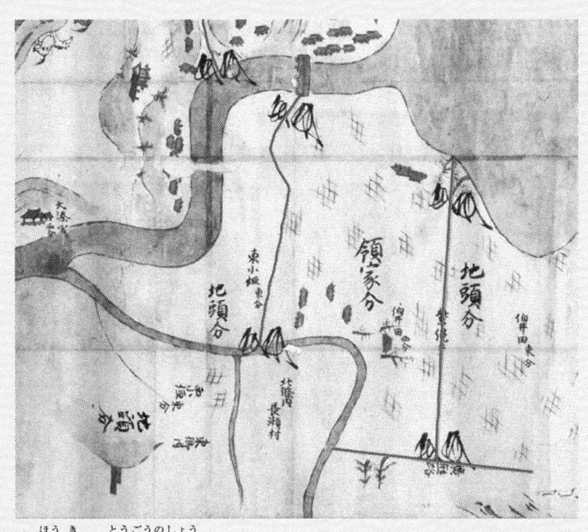

▲**伯耆(ほうき)国東郷荘(とうごうのしょう)**（鳥取県）**下地中分図**（模本、部分、東京大学史料編纂所蔵）

3　モンゴル襲来と幕府の衰退

㊙ p.78〜81

Check

①

②

③

④

⑤

⑥

⑦

⑧

⑨

⑩

⑪

⑫

⑬

⑭

モンゴル襲来

a　チンギス＝ハンの孫(　①　)は、都を大都において、国号を元と定めた。元は高麗を全面的に服属させると、日本にも朝貢を求めた。しかし、執権(　②　)はたびかさなる要求をしりぞけた。

b　1274年、(①)は高麗の軍をあわせた約3万の兵を送ってきた。日本は**集団戦法**や**火薬**に苦戦したが、しりぞけた。これを**文永の役**という。

c　文永の役後、幕府は九州地方の御家人に九州北部を警備させる(　③　)を強化し、博多湾沿いに**石の防塁**を築いて、襲来にそなえた。

d　(①)は南宋をほろぼすと、1281年、高麗や旧南宋の兵をあわせた14万の大軍を九州北部へ送ってきた。これを**弘安の役**という。2回にわたる元軍の襲来を**モンゴル襲来**(**元寇**)という。

モンゴル襲来後の幕府政治

a　幕府は、元の襲来に備えて、博多に(　④　)を設置し、北条氏一門を派遣し、九州地方の政務や訴訟、御家人の指揮にあたらせた。

b　モンゴル襲来を通じて、北条氏の家督である(　⑤　)の権力が強大になると、(⑤)家臣である**御内人**と御家人との対立が激しくなった。1285年、御内人の代表(内管領)の**平頼綱**が、有力御家人の**安達泰盛**をほろぼした。これを(　⑥　)という。

c　平頼綱を倒した(　⑦　)は、(⑤)専制政治をおこなった。

経済の進展

a　西日本では、米の収穫のあとに麦を栽培する(　⑧　)の田がふえた。**牛馬**が利用され、鉄製農具が普及、**刈敷**・**草木灰**などの肥料も使われた。

b　荘園の中心地や交通の要地、寺社の門前で、月に3回ほど開かれた**定期市**を(　⑨　)という。商工業者たちは、同業者の団体である(　⑩　)をつくり、貴族や寺社を本所と仰いで保護をうけた。

c　畿内や各地の港湾には、商品の運搬販売を請け負う(　⑪　)が発達した。売買には**宋銭**などの貨幣が使用され、遠隔地との代金決済には**為替**が利用された。また、高利貸業者の(　⑫　)が成長した。

d　荘園領主や地頭に対する農民の動きも活発となり、**阿氏河荘**の農民が地頭の非法を荘園領主に訴えたことは、その一例である。

幕府の衰退

a　モンゴル襲来後、御家人社会そのものが大きくゆらいだ。1297年、幕府は(　⑬　)を出して、御家人の領地の質入れや売買を禁止し、御家人の質入れ地・売却地を無償で取り戻せるようにした。

b　畿内とその周辺では、(　⑭　)とよばれる新興武士たちが荘園領主に武力で抵抗するようになり、幕府はこの鎮圧に苦しんだ。

鎌倉時代の市

次の図Ａ・Ｂをみて、①〜③の問いに答えてみよう。

①図Ａの市にはどのような商品が並べられているか、書き出してみよう。

②市にはどのような人びとが集っているか、気づいたことを書き出してみよう。

③図Ａと図Ｂはともに市がたっていた場所のようすをえがいたものである。図Ｂの場所でも特定の日には市がたっていたことがわかっている。図Ａと図Ｂの違いにふれた上で、定期市とはどのような仕組みなのか、説明してみよう。

Ａ『一遍上人絵伝』備前国福岡市の市日(いちび)の情景（Ａ・Ｂ清浄光寺蔵）　**Ｂ『一遍上人絵伝』信濃国伴野市(とものいち)の情景**

4　鎌倉文化

教 p.82〜85

Check

①

②

③

④

⑤

⑥

⑦

⑧

⑨

⑩

⑪

⑫

⑬

⑭

⑮

⑯

鎌倉文化／鎌倉仏教の誕生

a　(　①　)政権が成立すると、これまでの**公家**の文化にみられない新しい文化がうまれた。さらに中国との交流で**大陸文化**がもたらされた。

b　戦乱と飢饉に、人びとは末法の世がやってきたことを実感し、新しい救いを求めた。この要望にこたえたのが、**念仏**・**禅**・**題目**の教えである。念仏(南無阿弥陀仏)の教えを広めたのは、**浄土宗**開祖で専修念仏を説いた(　②　)、**悪人正機**を説き**浄土真宗**開祖とされた(　③　)、**踊念仏**で教えを全国に広め、**時宗**開祖とされた(　④　)らであった。

c　禅の教えは、(　⑤　)・**道元**らが宋から伝えた。(⑤)は**臨済宗**を伝え、(　⑥　)を重視し、幕府や公家の保護をうけた。**道元**は出家を重視し、ひたすら(⑥)に徹することを説き、(　⑦　)を開いた。

d　**日蓮**は、**法華経**を正しい教えとし、**題目**(南無妙法蓮華経)をとなえることで救われると説いた。この**日蓮宗**(**法華宗**)は、関東の武士や商工業者に信仰されたが、他宗批判により、幕府から迫害をうけた。

e　従来の仏教界でも、新しい教えを非難する一方、(　⑧　)を重視して仏教の復興につとめた。法相宗の**貞慶**、華厳宗の**明恵**(**高弁**)が出たほか、**律宗**の(　⑨　)・**忍性**らは病人救済の社会事業にもつとめた。

f　伊勢神宮外宮の**渡会家行**は、神道理論の(　⑩　)をつくり上げた。

芸術の新傾向

a　源平の争乱で焼け落ちた奈良の東大寺は、宋の(　⑪　)とよばれる建築様式を取り入れて復興された。また、奈良仏師の(　⑫　)や**快慶**らが、**東大寺南大門**の**金剛力士像**を制作した。

b　鎌倉時代中期、(　⑬　)という建築様式が禅寺にもちいられた。古くからの**和様**とこれら新様式を取り入れた**折衷様**の建築も広まった。

c　絵画では、**絵巻物**が最盛期を迎えた。また(　⑭　)とよばれる肖像画や、禅宗の僧が**頂相**という師僧の肖像画を崇拝する風習も伝わった。

d　武具や刀剣の製作もさかんになり、刀剣では備前長船の**長光**らが名作を残した。また、尾張の**瀬戸焼**をはじめ各地の陶器生産が発展した。

文学の革新

a　和歌では、**後鳥羽上皇**の命による『(　⑮　)和歌集』がつくられ、**藤原定家**らは(⑮)調をつくり出した。また、武士出身の**西行**の『山家集』や源実朝の『**金槐和歌集**』もつくられた。

b　文学では、**鴨長明**の『**方丈記**』や慈円の『**愚管抄**』が転換期の世相を記した。兼好法師が人生や世相をとらえた『**徒然草**』を著した。

c　**琵琶法師**が『(　⑯　)』を**平曲**として語り広めた。

d　貴族は有職故実をさかんに研究した。武家も金沢氏が**金沢文庫**をつくり和漢の書籍を集めた。幕府の歴史書『**吾妻鏡**』も編纂された。

東大寺造営

下の鎌倉時代の東大寺復興に関する説明文を読んで、①〜④の問いに答えてみよう。

①空欄(　ア　)にあてはまる人物名は誰だろうか。
②図Aの建造物名と建築様式名は何だろうか。
③図Bの像の名は何だろうか。
④図Bは図Aの門の左に配され、門の右に立つ像と一対をなし、それぞれ高さが8メートルをこえる。制作者とその制作の仕方について簡潔に説明してみよう。

(　ア　)を東大寺大勧進職に任じ、周防を東大寺造営料国とした。これは、平家のために焼討ちされた奈良の東大寺と大仏を復興するためであった。『吾妻鏡』文治3年4月23日条によれば、その際、現地の御家人らが、材木を調達する杣取らを妨害したらしい。そのため、(　ア　)は、公家に訴え、その連絡は鎌倉幕府の知る所となった。なお、東大寺大仏殿の落慶供養会には源頼朝も参列し、大法要が営まれた。その後も東大寺の復興事業は続けられた。図Aや図Bは、そのなかでつくられたものである。

図A

図B

第7章

武家社会の成長

1　室町幕府の成立(1)

教 p.86～88

Check

①

②

③

④

⑤

⑥

⑦

⑧

⑨

⑩

⑪

⑫

⑬

⑭

⑮

⑯

鎌倉幕府の滅亡

a　13世紀後半から、天皇家は(　①　)と(　②　)にわかれて争った。鎌倉幕府は、交代で天皇を出す(　③　)という方式を定めた。

b　(　④　)天皇は、醍醐・村上天皇の政治を理想とし、天皇親政を始めた。

c　(　④　)天皇は、討幕計画をすすめたが失敗し、(　⑤　)でも挙兵をくわだて失敗し、隠岐に流された。しかし、**護良親王**や**楠木正成**らが畿内の悪党をひきいて幕府に抵抗すると、天皇は隠岐を脱出した。

d　幕府は、有力御家人の**足利高氏(尊氏)**を京都へ派遣した。しかし尊氏は、幕府にそむき、六波羅探題を攻め落とした。その後、(　⑥　)が鎌倉を攻め、**得宗北条高時**らをほろぼし、1333年に幕府は滅亡した。

建武の新政

a　後醍醐天皇は、**建武の新政**を始めた。新政は、摂政・関白・院政・幕府を否定し、天皇中心の政治を復活させることをめざした。しかし、天皇の力だけでは機能せず、中央に一般政務を司る(　⑦　)と所領問題を処理する(　⑧　)をおき、地方に国司・(　⑨　)をおいた。

b　土地の所有は、天皇の(　⑩　)で確認するという新しい方式をとったが、武家社会の慣習が無視されたため、武士の不満を大きくした。新政の混乱ぶりは、**二条河原落書**にもみえる。

c　**中先代の乱**を鎮圧した足利尊氏は新政権に反旗をひるがえし、新政は2年で崩壊した。

南北朝の動乱

a　1336年、京都を占領した足利尊氏は、光明天皇をたて、政治方針を示す(　⑪　)を発表し、京都に**室町幕府**が成立した。

b　大和の**吉野**に逃れた**後醍醐天皇**は、皇位の正統性を主張した。吉野の(　⑫　)と京都の(　⑬　)が対立し、動乱がはじまった。

c　(　⑫　)は、後醍醐天皇没後、(　⑭　)を中心に抗戦を続けたが、勢力範囲はせまかった。しかし、(　⑬　)でも、足利尊氏の兄弟対立から(　⑮　)がおこるなど、動乱はその後も続いた。

d　動乱の背景には、分割相続から(　⑯　)へと変化し、**惣領制**がくずれるという武家社会の変化もあった。各地域の主導権を握ろうとする争いは、中央の南北朝の争いに結びつき、動乱は全国化、長期化した。

二条河原落書

次の史料は、建武新政権下の社会状況を風刺したものである。史料を読んで、①～④の問いに答えてみよう。

①傍線❶について、綸旨とは何か、説明してみよう。
②傍線❷の決断所はどのような機関か、正式名称とあわせて説明してみよう。
③この史料は、京都のどのような状況を風刺しているか、説明してみよう。
④③をふまえて、武士たちはどのような政治を望むようになったか、説明してみよう。

二条河原落書

此比(このごろ)都ニハヤル物。夜討(ようち)、強盗、❶謀綸旨(にせりんじ)。召人(めしうど)、早馬(はやうま)、虚騒動(そらそうどう)。生頸(なまくび)、還俗(げんぞく)、自由出家(しゅっけ)。俄大名(にわかだいみょう)、迷者(まよいもの)。安堵(あんど)、恩賞(おんしょう)、虚軍(そらいくさ)。本領ハナル(離)、訴訟人(そしょうにん)。文書入タル細葛(ほそつづら)。追従(ついしょう)、讒人(ざんにん)、禅律僧。下克上(げこくじょう)スル成出者(なりでもの)。器用(きよう)ノ堪否沙汰(かんぷさた)モナク。❷モル、人ナキ決断所。キツケヌ冠上(かんむりじょう)ノキヌ。持(もち)モナラハヌ(慣)笏(しゃく)持テ。内裏(だいり)マジハリ(交)珍シヤ。……京鎌倉ヲコキマゼテ。一座ソロハヌエセ連歌(れんが)。在々所々ノ歌連歌。点者(てんじゃ)ニナラヌ人ゾナキ。

（『建武年間記』）

2　室町幕府の成立(2)　教 p.88〜90

Check

①
②
③
④
⑤
⑥
⑦
⑧
⑨
⑩
⑪
⑫
⑬
⑭
⑮
⑯

守護大名と国人一揆

a　室町幕府は、全国の武士を支配するために、守護を派遣し権限を拡大した。具体的には、(　①　)に加えて、**刈田狼藉**を取り締まる権限や**使節遵行**の権限をあたえた。

b　幕府は、(　②　)を出し、一国内の荘園・公領の年貢の半分を兵粮米として守護にあたえた。また、守護が年貢の徴収を請け負う(　③　)もさかんにおこなわれた。

c　守護のなかには、**国衙**機能も吸収して、一国全体にわたる支配権を確立する者もあらわれた。この時代の守護を(　④　)とよぶこともある。

d　地方に土着した中小武士を当時(　⑤　)とよんだ。彼らは地域的な連合をつくり上げ、神仏に誓って団結し、たがいを平等であるとし、多数決を重んじた。このような地域的なまとまりを(　⑥　)とよび、守護が領国を支配するうえで、敵対勢力となった。

室町幕府

a　室町幕府は、3代将軍**足利義満**のときに安定した。義満は、京都の室町に花の御所をつくり、1392年には(　⑦　)の合体を実現させた。また、朝廷がもっていた京都の市政権を取り上げた。

b　義満は、太政大臣の地位につき、出家したのちも幕府や朝廷に実権をふるった。また、動乱のなかで強くなった守護の力を削減することにもつとめ、土岐氏・(　⑧　)氏・(　⑨　)氏などを討伐した。

c　幕府のしくみもととのえられた。重要な役職は、将軍を補佐する(　⑩　)、京都市中の警備や刑事裁判を司る**侍所の長官**(所司)であった。(⑩)には**細川**・**斯波**・**畠山**の3氏を交代で任命した(**三管領**)。**侍所の長官**には、赤松・山名などの4氏を任命した(**四職**)。有力守護は、京都にいて幕府の政治運営にあたり、領国は**守護代**に統治させた。

d　将軍権力を支える軍事力である(　⑪　)は、将軍の警備や、将軍の直轄地である(　⑫　)の管理などの役割を担った。

e　幕府の財源には、(⑫)からの収入や守護や地頭に対する割当て金があった。その他には、高利貸業者への営業税である**土倉役**・**酒屋役**、関所を設けて徴収する通行料である関銭、全国に賦課する**段銭**・**棟別銭**、日明貿易の利益などがあった。

f　幕府の地方機関としては、(　⑬　)や九州探題などがあった。足利尊氏は、関東をとくに重視したため、(⑬)には(　⑭　)として、子の(　⑮　)をおき、(　⑯　)の**上杉氏**がたすけた。しかし、(⑬)の権限が大きかったこともあり、京都の幕府としばしば衝突した。

半済令

次の史料を読んで、①～④の問いに答えてみよう。

①傍線❶の元号の間の、全国的争乱を何というだろうか。

②傍線❷について、当時の「守護」はどのような権限を与えられていただろうか。

③傍線❸について、「守護人等」に通知されたのはどのような内容か、説明してみよう。

④この法令以降の、守護の権力を説明してみよう。

半済令

一、寺社本所領の事　❶観応三・七・廿(二十)四御沙汰……次に近江・美濃・尾張三ヶ国の本所領半分の事、兵粮料所として、当年一作、軍勢に預け置くべきの由、❷守護人等に❸相触れ訖んぬ。半分に於いては、宜しく本所に分かち渡すべし。

（『建武以来追加』）

3　室町幕府の成立(3)　教 p.90〜92

Check

①

②

③

④

⑤

⑥

⑦

⑧

⑨

⑩

⑪

⑫

⑬

⑭

⑮

明との通交

a　14世紀から15世紀にかけて、東アジア情勢は大きく動いた。中国では、漢民族の**明**が建国され、朝鮮半島では高麗にかわって(　①　)が成立し、沖縄では、(　②　)がうまれた。

b　元にかわった明は、伝統的な国際秩序の回復をめざし、明との通交を周辺国によびかけた。

c　南北朝の動乱期には、(　③　)とよばれる海賊集団が、朝鮮半島から東シナ海にかけての沿岸をおそい、おそれられた。これを**前期倭寇**とよぶ。

d　明が、通交と(③)の取締りを日本に求めてくると、**足利義満**は明の要求に応じて国交を開き、(　④　)を開始した。この貿易は、日本国王が明の皇帝にみつぎ物をささげ、皇帝がそれをねぎらう(　⑤　)貿易の形式をとった。明から「日本国王」の称号と、(　⑥　)とよばれる証明書をあたえられて貿易をおこなった。これを(⑥)貿易とよぶ。

e　日本からの輸出品は刀剣・銅・硫黄など、輸入品は(　⑦　)・生糸などで、貿易費用はすべて明側が負担したため、日本側の利益は大きかった。

f　15世紀後半になると幕府が衰え、貿易の実権は(　⑧　)商人と結んだ**細川氏**、(　⑨　)商人と結んだ**大内氏**に移った。1523年、細川氏と大内氏が中国の(　⑩　)で争い、これに勝った大内氏が貿易を独占した。

g　16世紀なかば、大内氏の滅亡後は、貿易も断絶した。それとともに、(③)の活動は活発化した。これを**後期倭寇**とよび、日本人よりも中国人の方が多く、中国大陸南部から東南アジア一帯にかけて活動した。

日朝貿易と琉球・蝦夷

a　足利義満は、朝鮮とも国交を開いたが、**日朝貿易**は対馬の**宗氏**を通しておこなわれた。朝鮮は富山浦などの3港に交易施設をおいた。この貿易は(　⑪　)で一時中断したが再開され、16世紀までおこなわれた。

b　日朝貿易で、日本は(　⑫　)を手に入れたが、その後、日本でも(　⑬　)の栽培が始まり、衣料など生活面で大きな変化がおこった。

c　沖縄では、15世紀前半に(　⑭　)が三山を統一し、**琉球王国**をつくった。琉球船は、東アジアから東南アジア一帯を活動範囲とし、**中継貿易**をさかんにおこなった。

d　北海道では、13世紀ころから**アイヌ文化**が成立し、**津軽の十三湊**を根拠地とする**安藤氏**と交易をおこなっていた。しかし、本州勢力の和人は、アイヌの生活を圧迫していった。1457年には大首長(　⑮　)が蜂起した。これをしずめた蠣崎氏(のちの松前氏)が勢力を強めていった。

倭寇

図A・図Bの絵画はともに、後世の中国の人びとが、倭寇のようすを描いたものと推定されている。これについて、①〜③の問いに答えてみよう。

①図Aは、描かれた時期を考えると前期倭寇と後期倭寇のいずれをあらわすだろうか。
②①に関連して、後期倭寇の特色を前期倭寇との違いにふれて、説明してみよう。
③図Bの倭寇は、裸足で手には「扇と刀」を持つ。この姿は、実際の倭寇を描いたものではないと推測されるが、この絵画の作者が倭寇と「扇と刀」をあわせて描いた理由について、説明してみよう。

▲**図A『倭寇図巻』** 16世紀末〜17世紀の作。（部分、東京大学史料編纂所蔵）

▲**図B『太平抗倭図』の模写**（原品は中国国家博物館蔵）

4　下剋上の社会(1)

教 p.93～95

Check

①
②
③
④
⑤
⑥
⑦
⑧
⑨
⑩
⑪
⑫
⑬
⑭
⑮
⑯
⑰

惣村の形成

a　鎌倉時代の後期になると、畿内とその周辺では、農民たちが自治の村をつくり、南北朝の動乱のなかで、全国に広がった。このような自治の村を惣または惣村とよぶ。

b　惣は、村民の会議である(　①　)の取決めにもとづいて運営された。惣掟を定め、これにそむいた者は罰せられた。惣の活動は、村の神社の祭礼、村の共有地(入会地)や灌漑用水の管理などにおよび、領主への年貢納入を請け負う(　②　)(村請)もおこなわれた。

c　惣の農民は、神仏に誓って団結し、(　③　)を結び、荘園領主に対して年貢軽減や免除を求めることもあった。彼らは、要求を通すために、(　④　)や逃散などをおこなった。

幕府の動揺と土一揆

a　1428年、4代将軍足利義持が後継者を指名しないまま亡くなると、疫病や飢饉などもあって、社会不安が高まった。このなかで近江の民衆が、借金帳消しを求める徳政をスローガンに(　⑤　)をおこし、京都の土倉や酒屋をおそって実力で借金帳消しを認めさせた。このときの(⑤)を(　⑥　)とよぶ。

b　6代将軍(　⑦　)は、専制的な政治をおこなった。幕府に反抗的な鎌倉公方足利持氏を、(　⑧　)でほろぼした。その直後、(⑦)は、有力守護の赤松満祐によって(　⑨　)で暗殺された。

c　(⑨)をきっかけに、(　⑩　)がおこった。一揆は京都を占領し、幕府はやむなく徳政令を出した。以後、土一揆はしばしば起こり、幕府も徳政令をひんぱんに出すようになった。

d　土一揆や徳政一揆のように、下の者が上の者をしのいでいく実力主義の風潮を(　⑪　)とよんだ。

応仁の乱

a　嘉吉の変の後、将軍権力は弱まり、8代将軍(　⑫　)の時代には、政治・社会が混乱した。そのなかで管領の(　⑬　)と四職の1人(　⑭　)が幕府の実権をめぐって争い、その対立に将軍家や管領家のあとつぎ問題がからみ、1467年に(　⑮　)がおこった。

b　全国の守護は、細川方(東軍)と山名方(西軍)にわかれ、京都をおもな戦場として戦いがはじまり、11年間におよんだ。京都は(　⑯　)とよばれる雇い兵の乱暴と戦火で荒れ果てた。

c　将軍の権威は失われ、守護の領国では、現地の守護代や国人に実権が移っていった。こうして、朝廷や幕府を頂点とする伝統的な秩序がくずれ、(　⑰　)の解体も進み、下剋上の風潮はますます強まった。

惣掟と村の自治

次の史料を読んで、①〜⑤の問いに答えてみよう。

①傍線❶の「地下掟」とは何か、説明してみよう。
②傍線❷の年月日は何をあらわすか、説明してみよう。
③傍線❸の内容を、簡潔に説明してみよう。
④傍線❹の内容を、簡潔に説明してみよう。
⑤掟に示された条文を解釈し、現代との共通点と相違点を話しあおう。

惣掟

定 今堀❶地下掟の事
合 ❷延徳元年（一四八九）己酉十一月四日
一、3 薪・すみ（炭）は、惣のをたく（焚）べし。
一、5 ❸惣より屋敷請候て、村人にて無（者）物置くべからざる事。
一、7 他所之人を地下に請人候わで、置くべからず候事。
一、8 惣の地と私の地と、さいめ（際目）相論は、金にてすますべし。
一、16 家売たる人の方より、百文には三文ずつ、壱（一）貫文には卅（三十）文ずつ、惣へ出すべき者なり。❹この旨を背く村人は、座をぬくべきなり。
一、20 堀より東をば、屋敷にすべからず者なり。
（『今堀日吉神社文書』）

5　下剋上の社会(2)

教 p.95~97

Check

①
②
③
④
⑤
⑥
⑦
⑧
⑨
⑩
⑪
⑫

山城の国一揆と一向一揆

a　1485年、山城の守護畠山氏一族の内紛から戦いが始まると、地域の国人たちは一揆を結び、畠山氏の両軍を国外に追い出した。この一揆は、(　①　)とよばれ、地域の住民や荘園領主の支持を得て、独自の法である国掟を定め、8年間の自治的支配を実現した。

b　1488年、(　②　)がおこり、**一向宗**の門徒が国人と結んで加賀国守護富樫政親を倒した。一向宗は**本願寺**の(　③　)の活動によって大きな勢力となっていた。以後、約1世紀にわたって加賀国を事実上支配した。

活発な経済活動

a　農民は、灌漑や排水の施設をつくり、**二毛作**を各地でおこない、畿内の一部では(　④　)までおこなわれた。下肥も肥料として広く使われるようになり、稲の品種改良もすすんだ。

b　手工業では、京都の高級絹織物や摂津の酒づくりに加えて、地方にも特産物がうまれた。加賀の絹織物、美濃の和紙、尾張の陶器、備前の刀剣などである。手工業者や商人のあいだでは、同業組合である(　⑤　)が、朝廷や大寺社を本所として結成された。

c　商業もさかんになり、**連雀商人**とよばれる行商人のほか、各地の定期市や、月に六回の市をたてる(　⑥　)も広まった。京都や奈良では、(　⑦　)をかまえた小売店が毎日店を出すようになった。

d　商人の(⑤)もふえ、本所に営業税をおさめるかわりに販売の独占権が認められるなど、広い範囲で活動した。**大山崎の油座**は、石清水八幡宮を本所とした。

e　貨幣は、宋銭に加えて(　⑧　)などの**明銭**も多く使われ、流通量は増えたが、国内産の質の悪い私鋳銭も流通するようになった。そのため、幕府や戦国大名は(　⑨　)を出して統制をはかった。

f　貨幣経済の発達により、金融業もさかんになった。酒屋などの富裕な商工業者は、(　⑩　)とよばれる高利貸を兼ねる者が多かった。幕府は営業税として、(⑩)役・**酒屋役**を徴収した。

g　為替手形の一種である(　⑪　)が利用されて、遠く離れた場所との取引も活発になり、廻船がひんぱんに往来した。各地には**問屋**ができ、(　⑫　)や**車借**とよばれる運送業者が荷物を京都や奈良へはこんだ。

図Aと表をみて、①～④の問いに答えてみよう。

①図Aに描かれている人物は、どのような者だろうか、身につけているものにも着目して答えてみよう。また、その者はどのような行動をとっただろうか。

②表の□にあてはまる、できごとの名は何だろうか。

③表について、1460年代・1470年代の土一揆の件数は、1480年代・1490年代の件数とくらべてみるとどのようなことがわかるか、説明してみよう。

④土一揆は、応仁の乱がおきていた1470年代にほとんど鎮まり、乱の終息とともに再びさかんになっている。その理由について述べた次の文章の（　ア　）にあてはまる一文を考えてみよう。

　足軽が京都で略奪を働いている時には、京都に土一揆がおきなかった。ところが、乱が終息すると、土一揆が再びさかんになった。すなわち、応仁の乱に参加した足軽と土一揆の参加者は、（　ア　）ことが推測できる。

▲図A（『真如堂縁起』、部分、京都府、真正極楽寺蔵）

▼応仁の乱と、京都・京都周辺の土一揆勃発年

1420年代	1428						
1430年代							
1440年代	1441	1447					
1450年代	1454	1457	1458	1459			
1460年代	1462	1463	1465	1466	（1467～77年		
1470年代	1472	1473			□）		
1480年代	1480	1482	1484	1485	1486	1487	1488
1490年代	1490	1493	1494	1495	1497	1499	
1500年代	1504	1509					
1510年代	1511						
1520年代	1520	1526					
1530年代	1531	1532	1539				
1540年代	1546						
1550年代							
1560年代	1562						
1570年代	1570						

神田千里『土一揆の時代』吉川弘文館、2004年より作成。

6 室町文化(1)

教 p.98〜101

Check

①

②

③

④

⑤

⑥

⑦

⑧

⑨

⑩

⑪

⑫

⑬

⑭

⑮

室町文化

a 室町時代の武家は、**禅宗**の強い影響をうけながら、武家の文化の力強さと伝統的な(　①　)の文化を融合させた。室町文化は、今日の伝統文化の原型を形成した。一方、文化の(　②　)性や**地方的な特色**がいっそう強まった。

動乱期の文化

a 南北朝時代には、転換期をみすえた歴史書や軍記物語が書かれた。**北畠親房**は、南朝の正統性を論じた『(　③　)』を著した。軍記物語では、『(　④　)』がまとめられた。また、和歌を上下の2句にわけ、交代でよんでまとめる(　⑤　)が広く流行した。

b 南北朝時代以後、各地で**茶寄合**や茶の飲みわけを競う**闘茶**が、新興武士たちのあいだで流行した。新しもの好きの気質は**バサラ**とよばれた。

室町文化の成立

a 足利義満のころに、武家文化と公家文化の融合がすすんだ。北山の別荘にたてた(　⑥　)は、その象徴である。

b 幕府は、臨済宗を保護し、**五山の制**をととのえた。その五山を中心に、中国文化の影響をうけた。五山の僧は政治・外交顧問として活動する者も多く、また漢詩などの**五山文学**もさかんとなった。**五山版**とよばれる出版や、禅の境地をえがく(　⑦　)も多くえがかれた。

c 観世座の(　⑧　)・(　⑨　)父子によって能が花開いた。将軍足利義満の保護をうけ、芸術性の高い**猿楽能**を完成させた。その理念は、(⑨)の『**風姿花伝**』に示されている。

室町文化の展開

a 応仁の乱後、8代将軍**足利義政**は、京都の東山に山荘をつくり、(　⑩　)をたてた。東求堂同仁斎にみられる(　⑪　)は、近代の和風住宅の原型となった。(⑪)の住宅には調和する庭園がつくられ、龍安寺の石庭などの**枯山水**は、禅の精神を形に示した。

b 絵画の世界では、(　⑫　)が日本的な水墨画を大成した。また、水墨画のえがき方を大和絵に取り入れた(　⑬　)派が成立した。

c 茶の湯では、村田珠光によって茶室で心静かに茶を味わう(　⑭　)が始まり、そののち**千利休**によって完成された。ほかにも、生花の原型とされる立花や聞香などは、現代までうけつがれている。

d 政治や経済面で力を失った公家は、有職故実や古典の研究に力を入れ、**一条兼良**らは多くの研究書を残した。また、神道思想では、吉田兼倶が反本地垂迹説にもとづき、(　⑮　)を完成した。

書院造

次の写真をみて、①〜③の問いに答えてみよう。

①写真の建物は、ある寺の敷地内にある。その寺名を何というだろうか。また建物の名を何というだろうか。
②この部屋は書院造の代表例とされる。写真から読み取ることのできる書院造の特徴を答えてみよう。
③この書院造は、近代において何の原型になっただろうか。

7　室町文化(2)

教 p.101～102

Check

①
②
③
④
⑤
⑥
⑦
⑧
⑨
⑩
⑪
⑫

庶民の芸能

a　民衆が参加し、集団で楽しむ文化がうまれた。能は上流社会で愛好されたほか、より素朴で娯楽的な能が各地に根をおろし、風刺的な(　①　)をはさんで、民衆のあいだで演じられた。

b　(　②　)は、同席した人びとがよみあう集団の文芸で、和歌と対等の地位を得た。応仁の乱ころ、(　③　)が全国をめぐり普及につとめた。絵入りの短編物語である(　④　)も読まれ、語りつがれた。流行歌の**小歌**も、人びとの心をとらえた。

c　祭礼などのときには、はなやかな衣服を着て、飾り物をつけたりして踊る(　⑤　)も人気を集め、これと**念仏踊り**が結びついて**盆踊り**がうまれ、各地でさかんにおこなわれた。

文化の地方普及

a　**応仁の乱**により生活基盤を失った京都の公家や僧たちは、戦国大名などを頼り、地方にくだった。地方の武士も彼らを積極的にむかえた。

b　日明貿易で栄えていた大内氏の城下町**山口**には、多くの文化人が集まり、儒学や古典の研究・出版がおこなわれた。関東でも、関東管領**上杉憲実**が(　⑥　)を再興し、日本各地から学生が集まった。

新仏教の動向

a　天台・真言宗などの旧仏教は、朝廷・幕府の衰退や荘園の崩壊によって、しだいに衰えていった。これに対し**鎌倉新仏教**の各宗派は、武士・農村・商工業者などに信仰され、都市や農村に広まった。

b　禅宗は、京都・鎌倉で権威を保つ**五山派**に対し、地方布教をすすめる(　⑦　)とよばれる禅宗諸派の動きが活発になった。とくに**曹洞宗**などが地方武士や民衆から支持された。臨済宗では妙心寺派のほか大徳寺派の(　⑧　)らが出た。

c　日蓮宗は、東国を拠点としていたが、15世紀なかば、(　⑨　)の布教により、京都の富裕な商工業者たちに広まった。1532年、彼らは**法華一揆**を結んで一向一揆と対決し、町政を運営したが、その後、延暦寺と衝突し、一時京都を追われた。これを(　⑩　)とよぶ。

d　浄土真宗(一向宗)は、農民・商人のあいだに広まった。(　⑪　)の**蓮如**は、(　⑫　)という、かなまじり文のわかりやすい手紙を書くなど、精力的に布教した。また、畿内近国では惣村の自治組織である惣を宗教組織に組みかえるなどして信者をふやした。しかし、延暦寺の圧力をうけたため、活動を**北陸**に移して教えを広めた。

動乱期の文化

次の史料を読んで、①～③の問いに答えてみよう。

①史料のように、和歌を上下の２句にわけ、交代でよんでまとめる文芸を何というだろうか。

②空欄（ア）には、『新撰菟玖波集』の作者がはいる。この作者は誰だろうか。

③この文芸は、中央ばかりでなく地方の大名・武士などのあいだにも広く普及した。中世社会は「一揆の時代」であると指摘されるが、この文化もまさしく「一揆」といえる。どのような点が「一揆」にあたるのか、考えてみよう。

雪ながら❶山本かすむ❷夕べかな　（ア）
行く水とほく梅にほふさと　肖柏
川風に一むら柳❸春見えて　宗長
舟さす音もしるき❹あけがた　祇
月や猶霧わたる夜に残るらん❺　柏
霜おく野はら❻秋は暮れけり　長
（『水無瀬三吟百韻』）

❶峰には雪を残しながら。❷山の麓には霞がたなびいている。❸こんもりした柳全体の新緑の色調。以上三句は春の句。❹棹さす音もはっきりと聞こえる。❺霧がたちこめているので月がみえない。❻野原一面の霜。

8　戦国の動乱

教 p.103〜105

Check

①
②
③
④
⑤
⑥
⑦
⑧
⑨
⑩
⑪
⑫
⑬
⑭
⑮
⑯
⑰

戦国大名の登場

a　応仁の乱後、将軍の権威に頼らず、実力で**領国**(分国)の支配をおこなう地方政権がうまれた。これが(　①　)である。

b　関東地方では、**鎌倉公方**の分裂による混乱に乗じて、(　②　)(伊勢宗瑞)が堀越公方をほろぼして伊豆をうばい、ついで相模に進出して、小田原を根拠地とし、その子孫は関東の大半を支配する大名となった。

c　中部地方では、越後の守護上杉氏の守護代長尾景虎が、関東管領上杉氏をついで**上杉謙信**を名乗り、甲斐の守護(　③　)と対立した。

d　中国地方では、守護大名大内氏が陶晴賢にほろぼされたのち、安芸の国人(　④　)が台頭した。

e　戦国大名のなかには、(③)のように守護出身の者もいたが、上杉謙信のように守護代出身の者や、奥州の(　⑤　)氏や、安芸の(④)のように、**下剋上**のなかで国人からのし上がった者もいた。

f　激しい戦いに明けくれた戦国大名のなかで京都に攻めのぼり、全国統一の第一歩を踏み出したのが(　⑥　)である。

戦国大名の分国支配

a　戦国大名は富国強兵策をすすめ、治水・灌漑事業に力を入れて農業をさかんにし、土地を調査して税を定める(　⑦　)をおこなった。また、鉱山開発などの産業をおこし、(　⑧　)を経済の中心地とし、商業もさかんにした。また、文化の発展にもつとめた。

b　軍事力強化のため、農民である(　⑨　)とも主従関係を結んで家臣団に編入し、軍役を負担させた。家臣団に組み入れた国人・(⑨)を有力家臣に預ける形で組織する、**寄親・寄子制**をとる者もあった。

c　大名のなかには、分国支配の基本である(　⑩　)や**家法**を制定する者もあった。また、家臣同士が紛争を自分たちの力で解決しようとすることを罰する(　⑪　)を定めた。

d　**鉄砲**をもちいる大名や、**キリシタン大名**となる者もいた。

都市と町衆

a　戦国時代には、多くの都市が形成された。交通の発達にともなって(　⑫　)・(　⑬　)がうまれ、寺社参詣の流行とともに(　⑭　)がうまれた。浄土真宗の寺院や道場を濠などで囲んだ町である(　⑮　)も成立した。

b　大名のなかには、自由に商取引ができるように(　⑯　)を出し、経済活動の拡大をねらう者もあった。

c　富裕な商工業者が、自治組織により市政を運営した。例えば堺の36人の**会合衆**、博多の12人の**年行司**のほか、京都の(　⑰　)による自治が知られる。京都の祇園祭も、町衆によって再興されたものである。

家法・分国法

次の史料を読んで、①〜④の問いに答えてみよう。

①空欄（　ア　）にあてはまる語句は何だろうか。

②傍線❶の「引越（ひっこし）」とは、どこへだれが行くことを定めているのか、説明してみよう。

③『甲州法度之次第』の一文は、何に関する条文か、答えてみよう。

④③の目的を説明してみよう。

家法・分国法

一、朝倉（あさくら）が館之外（たちのほか）、国内□（にカ）城郭（じょうかく）を構（かま）へさせまじく候。惣別分限（ぶげん）あらん者、（　ア　）へ❶引越、郷村（ごうそん）には代官（だいかん）ばかり置かるべき事。

（『朝倉孝景条々（たかかげじょうじょう）』）

一、喧嘩（けんか）の事、是非（ぜひ）に及ばず成敗（せいばい）を加ふべし。但（ただ）し、取り懸（かく）ると雖（いえど）も、堪忍（かんにん）せしむるの輩（ともがら）に於（お）ては、罪科に処すべからず。

（『甲州法度之次第』）

第8章

近世の幕開け

1 天下人の登場

教 p.108〜112

近世への転換／銀の交易と鉄砲伝来

a 16世紀なかば、ヨーロッパ人はアジアの交易ルートに参入し、日本に(　①　)、ついで(　②　)を伝え、増産された日本の銀を求めた。

b 税を銀でおさめさせた明に、(　③　)銀山などの**日本産の銀**が大量に流れこみ、日本には中国産の(　④　)などがもたらされた。

c ポルトガルやスペイン、カトリック教会などヨーロッパを中心に、世界の諸地域が広く交流する(　⑤　)が始まった。

d 1543年、ポルトガル人が**種子島**に来航し、彼らがもたらした(①)は**堺**などで製造が始まり、戦国大名に急速に広まった。

キリスト教と南蛮貿易

a 1549年、**イエズス会**の宣教師(　⑥　)が、鹿児島に来航し、キリスト教を伝えた。

b (　⑦　)貿易の利益を得るため、キリスト教に入信する(　⑧　)大名があらわれ、家臣や領民にもキリスト教が広まった。

織田信長の政権

a 全国統一に乗り出した、(　⑨　)と(　⑩　)の政権をあわせて**織豊政権**とよぶ。

b (⑨)は、1560年の**桶狭間の戦い**で**今川義元**を破ると、徳川家康と同盟を結び、**足利義昭**とともに京都にのぼり、幕府を再興させた。

c 領国内の関所で通行料の徴収を禁じ、商業都市**堺**の支配に乗り出した。

d 1571年、比叡山延暦寺を焼討ちし、1573年には足利義昭を京都から追放して、1575年、**長篠の戦い**で鉄砲を多用し、武田氏を破った。

e 1576年、近江の琵琶湖畔に(　⑪　)を築き始め、その城下町を**楽市**として商業税を免除し、普請や伝馬の負担も免除して繁栄をはかった。

f 1582年、重臣の**明智光秀**にそむかれて**本能寺の変**でほろびた。

豊臣秀吉の全国統一

a 1582年、羽柴秀吉は明智光秀を討ち、柴田勝家も破って、1583年、本願寺の跡地に(　⑫　)を築き始めた。

b 1587年、秀吉は九州を支配下におき、1590年、関東の北条氏を攻めほろぼし、東北の大名を服属させ、全国の領主を支配下におさめた。

c 秀吉は朝廷で(　⑬　)の職につき、(　⑭　)の姓を与えられた。**後陽成天皇**を**聚楽第**へ招いて諸大名に忠誠を誓わせるなど、天皇の権威を利用した。

Check

①

②

③

④

⑤

⑥

⑦

⑧

⑨

⑩

⑪

⑫

⑬

⑭

戦国大名と天下人の印章

戦国時代には大名が印章をもちいるようになった。①の虎の印判状は「領民の財産と生命を守ってゆく」という意味。②はイエズス会を示す IHS と洗礼名フランシスコからとったとされる。③は有名な織田信長の「天下布武」の印。この場合の「天下」は京都周辺をさす。④⑤は秀吉と家康が外交に使ったが、④は「豊臣」と大きく 2 文字だけ、⑤は「源家康（弘）忠恕」とある。「忠恕」は真心・思いやりを意味する。それぞれの印文から、彼らのどのような政治姿勢を読みとることができるだろうか。考えたり、話しあったりしてみよう。（印影は実寸の 3 分の 1）

①小田原北条氏
（禄寿応穏）

②大友宗麟
（IHS FRCO）

③織田信長
（天下布武）

④豊臣秀吉（豊臣）

⑤徳川家康（源家康〈弘〉忠恕）

・⑥⑦の大名の印章も同様に調べてみよう。（⑥は実寸の 3 分の 1 、⑦は実寸の 2 分の 1 ）

⑥上杉謙信印
（地帝妙）

⑦黒田長政印
（Curo NGMS）

2　豊臣政権と桃山文化　　教 p.112～116

Check

①
②
③
④
⑤
⑥
⑦
⑧
⑨
⑩
⑪
⑫
⑬
⑭
⑮
⑯
⑰
⑱

検地と刀狩

a　豊臣秀吉が(　①　)を単位におこなった検地を(　②　)とよぶ。田畑屋敷の面積や等級に応じて(　③　)を定め、作人(百姓)を記載した**検地帳**を作成し、**一地一作人**を原則とした。

b　秀吉は1585年、支配下のほぼ全域で大名の(　④　)をおこない、身分ごとのあり方やきびしい年貢率の基準を定めた。

c　1588年に(　⑤　)を出し、一揆を警戒し、百姓を耕作に専念させた。

d　直轄都市の京都・大坂などでは**地子**を免除し、町と(①)を区別した。町の商工業の振興をはかり、**座**を解散させた。生野銀山などを直轄し、金銀山から**運上**を取り、**天正大判**など金銀貨の公定にも乗り出した。

e　1591年に全国の国郡ごとに村々の(③)を掌握し、大名らを戦争に動員する(　⑥　)の基準とした。

f　武士や奉公人と百姓とを区別する(　⑦　)が定まっていった。

秀吉の外交

a　秀吉はキリスト教を警戒し、(　⑧　)を出して宣教師に国外退去を命じたが、貿易を許可したため不徹底だった。

b　秀吉は、大陸侵攻の意志を示し、肥前に**名護屋城**を築いて、朝鮮に軍勢を送り、(　⑨　)をおこした。秀吉の死去で撤兵したが、朝鮮の人びとに多大な犠牲を生み、明は衰退した。

桃山文化／芸能と風俗

a　秀吉晩年の居城、伏見城の地を**桃山**とよんだことから、織豊政権の時代を(　⑩　)時代、この時代の文化を(　⑪　)文化とよぶ。

b　**平山城**や**平城**が築かれ、城下町も巨大化した。城の中心には高層の**天守**(天主)がそびえ、大広間をもつ書院造の御殿がつくられ、壁や襖には、**狩野派**などによって(　⑫　)がえがかれた。

c　堺の商人(　⑬　)は、簡素な侘び茶を大成し茶道を確立させた。

d　衣服は木綿の**小袖**がふつうになり、貴人は絹の染織品を愛好した。

e　都市で風流踊りがさかんになり、(　⑭　)が**かぶき踊り**をはじめ、女歌舞伎や人形浄瑠璃がうまれた。**風俗画**の屏風絵も製作された。

国際的な文化の交流

a　宣教師らがヨーロッパの文物をもたらした。イエズス会のヴァリニャーノは、キリスト教の初等教育学校(　⑮　)や高等教育学校(　⑯　)を設け、1582年、九州のキリシタン大名にゆかりのある少年たちを(　⑰　)としてローマ教皇のもとへ派遣した。

b　**活版印刷術**が導入され、(　⑱　)と呼ばれる、キリスト教の書物の翻訳や日本の古典などが出版された。

日本の古典の出版

次の図をみて、①〜③の問いに答えてみよう。

①表紙のポルトガル系のローマ字は何と書いてあるか、どのような意味か、読みといてみよう。
②どこで印刷されたのだろうか。
③キリシタン版はどのような目的で印刷されたか、説明してみよう。

NIFON NO
COTOBA TO
Historia uo narai xiran to
FOSSVRV FITO NO TAME-
NI XEVA NI YAVA RAGVETA-
RV FEIQE NO MONOGATARI.

IESVS NO COMPANHIA NO
Collegio Amacusa ni voite Superiores no go men-
qio to xite core uo fan ni qizamu mono nari.
Go xuxxe yori M. D. L. XXXXII.

天草版『平家物語』
（大英図書館蔵）

第9章

幕藩体制の成立と展開

1　江戸幕府の成立(1)

教 p.122〜125

Check

①
②
③
④
⑤
⑥
⑦
⑧
⑨
⑩
⑪
⑫
⑬
⑭
⑮
⑯
⑰
⑱
⑲
⑳

幕府の開設

a　豊臣秀吉から関東に250万石の領地をあたえられ、江戸を本拠地とした**五大老**筆頭の(　①　)は、秀吉の死後、**五奉行**の1人(　②　)と対立を深め、1600年、(　③　)で勝利した。

b　1603年、征夷大将軍に任命された(①)は**江戸幕府**を開いた。のち、子の(　④　)に将軍職をゆずり、**大御所**として実権を握り続けた。

c　(①)は1614〜15年、2度にわたる(　⑤　)(冬の陣・夏の陣)で豊臣秀吉の子**秀頼**をほろぼした。

d　幕府の直轄領である幕領は17世紀末に400万石をこえ、将軍に**御目見え**できる(　⑥　)と、御目見えできない**御家人**とよばれる将軍直属の家臣団がいた。

e　幕府の職制は、3代将軍(　⑦　)のころととのい、政務をまとめる(　⑧　)、これを助ける**若年寄**、そのほか**寺社奉行**・**町奉行**・**勘定奉行**の(　⑨　)が分担した。それぞれ複数の人物が月番制で政務を担い、役職をまたがる事項は**評定所**で(⑧)と(⑨)らが合議した。

大名の統制

a　江戸幕府は、1615年に(　⑩　)を出して大名の住む城を1つに限定し、(　⑪　)を定めて大名のまもるべき心得を示し、違反者は厳しく処分した。家光の寛永令では、大名に対し1年おきに1年間江戸で役務につく(　⑫　)を義務づけたため、大名は妻子の江戸住みを強いられ、藩財政が圧迫された。

b　大名は、将軍と主従関係を結んだ1万石以上の武士のことで、徳川氏の一族である**親藩**、従来からの家臣である**譜代**、関ヶ原の戦い前後に徳川氏に従った**外様**にわけられた。

c　大名の領地と支配機構を(　⑬　)とよび、主従関係にある将軍と諸大名が全国の土地と人民を支配する体制を(　⑭　)とよぶ。

朝廷と寺社

a　1615年、朝廷に対して(　⑮　)を定め、統制の基準を示した。また、(　⑯　)をおいて監視させ、公家から選ばれた(　⑰　)をつうじて朝廷を操作した。1627年の(　⑱　)を機に、幕府は統制をいっそう強めた。

b　幕府は(　⑲　)などで寺院を統制し、キリスト教禁教政策の1つとして、すべての人びとをいずれかの寺の**檀家**とし、檀家であることを寺に証明させる(　⑳　)制度を設けた。

大名の配置と幕府の統制

次の図をみて、①〜③の問いに答えてみよう。

①毛利(もうり)氏・上杉(うえすぎ)氏・佐竹(さたけ)氏に注目して「戦国大名の勢力範囲」(教科書 p.103**1**)の図と比較すると、どのようなことがわかるか説明してみよう。

②毛利氏・上杉氏・佐竹氏は、徳川氏との関係からどのような大名にあたるか。

③幕領および親藩・譜代大名領と外様大名領の配置の特徴を、その理由とともに説明してみよう。

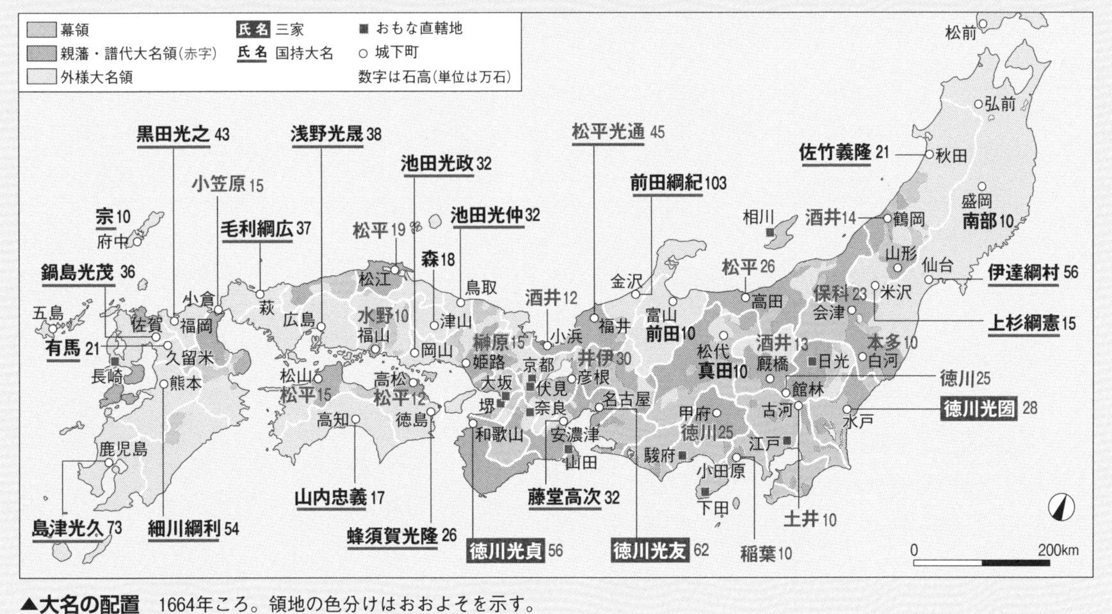

▲**大名の配置** 1664年ころ。領地の色分けはおおよそを示す。

2　江戸幕府の成立(2)

教 p.125〜128

Check

①

②

③

④

⑤

⑥

⑦

⑧

⑨

⑩

⑪

⑫

⑬

⑭

⑮

身分と社会

a　武士は、政治や軍事、学問・知識を独占し、**苗字・帯刀**が許されるなど、特権をもつ支配身分で、上下の別が強制された。

b　被支配身分には、農業・林業・漁業などに従事する(　①　)、手工業者である(　②　)、商人を中心とする都市の(　③　)がいて、近世の社会秩序を「**士農工商**」とよぶこともある。

c　かわたは、農業のほか皮革の製造、わら細工などの手工業に従事し、死牛馬の処理や死刑にかかわる仕事も担い、「えた」ともよばれた。(　④　)は、村や町の番人や清掃・芸能などにたずさわった。両者ともほかの身分と区別され、賤視された。

村と百姓

a　村は、**百姓**の家屋敷・寺院・神社などから成り立つ集落と、田畑(耕地)・林野・浜を含む広い領域から成り立っていた。

b　村は、田畑や家屋敷をもつ高持の**本百姓**から選ばれる**名主**(**庄屋**)・**組頭**・**百姓代**の(　⑤　)により、**村法**(**村掟**)にもとづいて運営され、これにそむいた場合は**村八分**などの制裁が加えられた。田畑をもたない無高の(　⑥　)も多くいた。

c　幕府や諸藩は、村の自治に依存して、年貢・諸役の割当てや取立てを実現した。この仕組みを(　⑦　)とよぶ。百姓は数戸ずつ(　⑧　)に編成され、連帯責任を負わされた。

d　百姓の負担は、年貢米の(　⑨　)を中心に、副業にかけられる(　⑩　)や、一国単位でかけられる土木工事などの労働の**国役**、また、街道周辺の村には人馬を出す**伝馬役**があり、重い負担となった。

e　幕府は、1643年に(　⑪　)を出して土地の売買を禁じ、1673年には(　⑫　)を出して百姓が一定の経営規模を保つように定め、商品作物を自由に栽培することを禁じた。

町と町人

a　全国で多くの(　⑬　)がつくられ、武士、商人や手工業者など、身分ごとに居住する地域が決められ、商人・手工業者が住む**町人地**(**町方**)が経済活動の中心となった。

b　町は、町屋敷をもつ**家持**の町人の代表である名主(年寄)・月行事などを中心に、**町法**(**町掟**)にもとづいて運営された。

c　町人は重い年貢負担をまぬかれたが、都市機能の維持のため、町人足役を労働や貨幣で負担した。

d　町には家持のほか、宅地を借りて家屋をたてる(　⑭　)、家屋を借りて住む(　⑮　)、商家の奉公人などが住んでいた。

城下町の構造

次の図をみて、①〜③の問いに答えてみよう。

①武家地は城下のどこに位置しているだろうか。

②町人地が街道沿いに広がっている理由を考えてみよう。

③居住地の位置から、足軽・中間町や寺社地の役割を考えてみよう。

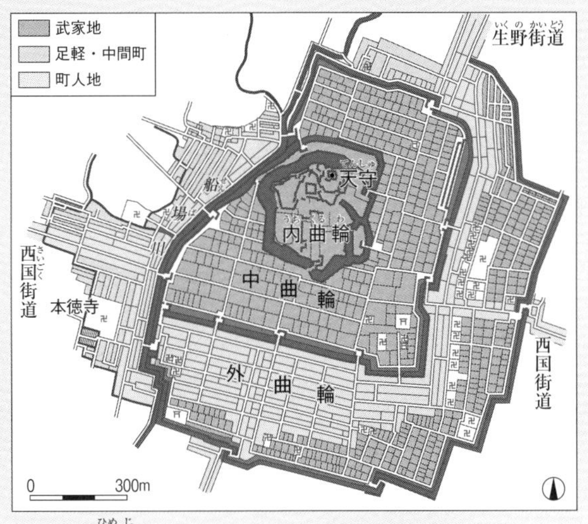

▲**城下町姫路** 17世紀半ば（『都市史図集』より作成）

3　江戸初期の外交と文化(1)

教 p.128〜131

海外貿易の発展

a　徳川家康は、豊後に漂着したオランダ船乗組員の、オランダ人**ヤン＝ヨーステン**とイギリス人**ウィリアム＝アダムズ**らを外交顧問とした。イギリスとオランダは貿易を許されて、(　①　)に商館を開いた。

b　ポルトガル商人の中国産生糸(白糸)独占による値段のつり上げを防ぐため、幕府は特定の商人に(　②　)をつくらせ、輸入生糸をまとめて安く購入させる制度を設けた。

c　幕府は日本人の海外渡航を奨励し、九州の大名や特権商人らに(　③　)状をあたえ、東南アジア各地へ渡航した(　③　)船が、生糸などを輸入し、銀・銅などを輸出した。海外に移住する日本人もふえ、東南アジアの各地に自治制をしいた(　④　)がつくられた。

禁教と鎖国

a　徳川家康は、キリスト教の布教がスペイン・ポルトガルの侵略をまねくと警戒し、1612年に幕領、翌年には全国に(　⑤　)を出し、キリスト教信者を迫害した。多くの信者は改宗したが、一部に殉教する信者やひそかに信仰をまもった(　⑥　)も存在した。

b　幕府は九州の大名が海外貿易によって強大化することを警戒し、1616年に中国船を除く外国船の寄港地を平戸と**長崎**に制限した。

c　1631年、徳川家光は、海外渡航には朱印状のほかに老中(　⑦　)を必要とすることにし、1633年に(　⑦　)船以外の海外渡航を禁じ、さらに1635年には、日本人の海外渡航と帰国とを全面的に禁止した。

d　1637年におこったキリスト教信者の(　⑧　)を首領とする(　⑨　)(島原・天草一揆)を、幕府は翌年ようやく鎮圧すると、信者根絶のため(　⑩　)を強化し、宗教統制を強めた。

e　1639年にポルトガル船の来航を禁止し、1641年には平戸の**オランダ商館**を長崎の(　⑪　)に移した。

f　200年余りにわたって、日本がオランダ商館・中国の民間商船・朝鮮国・琉球王国・アイヌ民族以外との交渉を閉ざし、幕府が貿易を統制する(　⑫　)とよばれる状態が続いた。この結果、国内の産業や文化にあたえる海外からの影響は制限された。

g　幕府は**オランダ商館長**から(　⑬　)を提出させて、海外情報を手に入れた。

h　中国との正式な国交回復はできず、長崎で民間の商人と私貿易をおこない、幕府はのちに長崎に居住していた清国人を(　⑭　)に移した。

Check

①

②

③

④

⑤

⑥

⑦

⑧

⑨

⑩

⑪

⑫

⑬

⑭

江戸初期の対外関係

次の図や表をみて、①～③の問いに答えてみよう。

①江戸時代初期、朱印船貿易がさかんだったことから、東南アジアではどのような状況が生まれていたか、説明してみよう。
②日本はどのような国と関係をもち、また関係を絶ったのかを説明してみよう。
③西欧諸国との交易について、南蛮貿易とオランダの違いや、禁教政策に注目しながら説明してみよう。

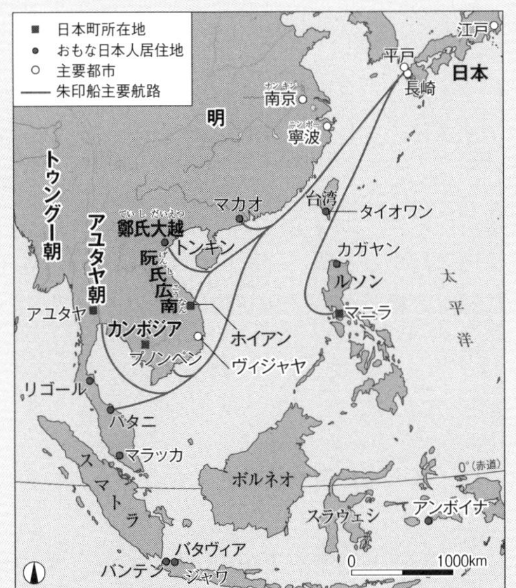

▲朱印船渡航地と日本町 元和期(1615～24年)には、フィリピンのマニラに約3000人、タイのアユタヤに約1500人の日本人が住み、日本町を形成したと考えられている。

▼江戸初期の対外関係

将軍	年	できごと
徳川家康・秀忠	1600	オランダ船リーフデ号が豊後に漂着
	1604	糸割符制度を創設
	1607	朝鮮使節の来日
	1609	薩摩藩、琉球制圧。己酉約条。オランダ、平戸に商館設立
	1612	幕領に禁教令(1613全国へ拡大)
	1613	支倉常長らローマを訪問(慶長遣欧使節)
	1616	中国船を除く外国船の入港地を平戸・長崎に制限
徳川家光	1623	イギリスが平戸商館を閉鎖し、退去
	1624	スペイン船の来航を禁止
	1631	奉書船制度始まる
	1633	奉書船以外の海外渡航禁止
	1635	日本人の海外渡航と帰国の全面禁止
	1637	島原の乱(島原・天草一揆)(～38)
	1639	ポルトガル船の来航を禁止
	1641	オランダ商館を出島へ移転

4　江戸初期の外交と文化(2)

教 p.131〜133

Check

①

②

③

④

⑤

⑥

⑦

⑧

⑨

⑩

⑪

⑫

⑬

⑭

朝鮮と琉球・蝦夷地

a　1609年、対馬藩主**宗氏**と朝鮮とのあいだで(　①　)が結ばれ、釜山に倭館が設置されて宗氏は朝鮮との貿易独占権を得た。朝鮮からは将軍の代替わりごとに(　②　)が来日した。

b　琉球王国は、1609年、薩摩の島津氏に征服され支配下に入ったが、中国への朝貢は続けた。また、琉球国王の代替わりごとに(　③　)を、将軍の代替わりごとに(　④　)を幕府へ派遣した。

c　蝦夷地では**松前氏**がアイヌとの交易独占権を認められていたが、**松前藩**の交易の不正に反発し、1669年、(　⑤　)を中心にアイヌが蜂起したが敗れ、松前藩に全面的に服従することとなった。

d　幕府は、オランダ・中国に対する**長崎**、朝鮮に対する**対馬**、琉球王国に対する**薩摩**、アイヌに対する**松前**の「**4つの窓口**」を通して、異国・異民族との交流をもった。

寛永期の文化

a　**寛永期**(1624〜44年)には、桃山文化をうけつぎながら、新しい文化がうまれた。

b　学問では、(　⑥　)を中心に、**儒学**がさかんになった。(⑥)は上下の身分秩序を重んじたので、幕府や藩に受け入れられた。徳川家康は朱子学者の(　⑦　)(道春)を江戸にまねき、彼の子孫(**林家**)は代々幕府の学問を担った。

c　建築では、幕府が**権現造**による豪華な(　⑧　)をつくった。一方、京都では書院造に草庵風の茶室を取り入れた(　⑨　)の**桂離宮**がつくられた。

d　絵画では、(　⑩　)が幕府の**御用絵師**として江戸で活躍し、京都の町衆であった(　⑪　)は「風神雷神図屛風」などの**装飾画**を生み出した。書画・蒔絵・陶芸などにすぐれた多才な文化人(　⑫　)は、「舟橋蒔絵硯箱」などの作品を残した。

e　陶芸では文禄・慶長の役の際、諸大名が連れ帰った朝鮮人陶工によって、九州・中国地方の各地で陶磁器生産が始まり、**有田焼**の(　⑬　)は**赤絵**の技法を完成させた。

f　文芸では、御伽草子のあとをうけた(　⑭　)が、教訓や道徳を主とした作品を生み出した。また**俳諧**もさかんになって、あらたに民衆文化の基盤となっていった。

禁教と鎖国政策

次の史料や図をみて、①〜③の問いに答えてみよう。

①1633年に奉書船以外の海外渡航が禁止されてから、「鎖国」はどのようにして完成していったか、説明してみよう。

②「鎖国」政策の意義を、前後の状況とも比較しながら解釈してみよう。

③徳川政権の禁教政策を、豊臣政権（教科書 p.113❸「バテレン追放令」）と比較しながら説明してみよう。

寛永十二年禁令❶

一、[1]異国え日本の船遣すの儀、堅く停止の事。

一、[2]日本人異国え遣し申す間敷候。若忍び候て乗渡る者之有るに於ては、其者は死罪、其の舟并船主共ニとめ置、言上仕るべき事。

（『教令類纂』）

❶全一七条。

寛永十六年禁令❶

一、[1]日本国御制禁成され候吉利支丹宗門の儀、其趣を存知ながら、彼の法を弘むるの者、今に密々差渡るの事❷。

……自今以後、かれうた❸渡海の儀、之を停止せられ訖。此上若し差渡るニおゐてハ、其船を破却し、并乗来る者速に斬罪に処せらるべきの旨、仰せ出さるる者也。

（『御当家令条』）

❶大老・老中が連署して長崎において命じた制札。全三条。❷ひそかに日本へやってくること。❸帆船。ここではとくにポルトガル船。

▶**絵踏**　右は絵踏のようす（オランダ　ライデン国立民族学博物館蔵）。下は真鍮でできた踏絵で、表面にはキリストの像が彫られている。（東京国立博物館蔵）

▲**長崎の出島**　1634（寛永11）年に長崎港内に建設。1641（寛永18）年、平戸のオランダ商館を出島に移転した。（立正大学図書館田中啓爾文庫蔵）

5 幕政の安定

教 p.133〜135

Check

①
②
③
④
⑤
⑥
⑦
⑧
⑨
⑩
⑪
⑫
⑬
⑭
⑮
⑯
⑰

平和と秩序

a 1651年、徳川家光の子の(　①　)が4代将軍となった。このころ、軍学者**由井(比)正雪**が江戸と駿府などで(　②　)をおこすと、幕府は、**末期養子の禁止**をゆるめて**牢人**の増加を防ぐ一方、かぶき**者**の取締りを強めた。

b 幕府は、主人の死後の(　③　)をきびしく禁じ、大名が幕府に出していた人質(証人)の制度をゆるめた。こうして、戦国時代の慣習が取り除かれていった。

c 諸藩では、藩主は権力を強化し、治水工事や新田開発をすすめて農業生産を高め藩政を安定させた。**池田光政**(岡山)・**保科正之**(会津)・(　④　)(水戸)らの藩主は、儒学者を顧問にして藩政改革をすすめた。

元禄時代

a 17世紀末から18世紀初めにかけて、平和と安定を背景に、経済の発展がもたらされた5代将軍(　⑤　)の治世を(　⑥　)とよぶ。

b 1683年に出した代替わりの武家諸法度で、武士に求める心得を「弓馬の道」から、主君に対する(　⑦　)と父祖に対する(　⑧　)を重んじ、(　⑨　)によって秩序をまもることへ改めた。

c (⑤)は、**側用人**出身の(　⑩　)を登用し、将軍の専制政治をめざし、大嘗会などの朝廷儀式も復興させた。

d 1685年から20年余りにわたって、すべての生き物の殺生を禁じ、とくに犬を大切にした(　⑪　)を出した。近親者が死亡した際に忌引や喪に服す日数を定めた(　⑫　)とともに、殺生や死の穢れをきらう風潮をつくり出した。

e **明暦の大火**による江戸の復興費用や、金・銀の産出量の減少などによって、幕府の財政は悪化した。そこで、勘定吟味役**荻原重秀**の提案で質を落とした(　⑬　)を大量に発行して財政は一時的にうるおったが、物価は上昇し、人びとの生活を圧迫した。

正徳の政治

a 6代**徳川家宣**・7代**家継**将軍の時代は、朱子学者(　⑭　)と側用人の**間部詮房**らが政治の中心となった(**正徳の政治**)。

b 将軍職の地位と権威を高めるために、儀礼の整備に力を入れ、(　⑮　)を創設して天皇家との結びつきを強めた。

c 朝鮮通信使の待遇を簡素化し、将軍の呼称を「**大君**」から「**日本国王**」に改めた。

d 質の悪い元禄小判を良質の(　⑯　)に替えたが、かえって社会の混乱を引きおこした。長崎貿易では、海外への金・銀流出を防ぐため、(　⑰　)を出し、中国船とオランダ船の船数や貿易額を制限した。

読みとき

幕府財政と貨幣改鋳

次のグラフをみて、①〜④の問いに答えてみよう。

①元禄小判は、慶長小判と比べどのように変わったか、説明してみよう。

②幕府が元禄小判を発行したしたねらいと実際の影響を説明してみよう。

③正徳小判は、元禄・宝永小判と比べどのように変わったか、説明してみよう。

④幕府が正徳小判を発行したねらいと実際の影響を説明してみよう。

▲**金貨成分比の推移**(『日本通貨変遷図鑑』より作成)

6　経済の発展(1)

教 p.136〜138

Check

①
②
③
④

⑤

⑥
⑦
⑧

⑨

⑩

⑪

⑫
⑬

⑭
⑮
⑯

農業生産の進展

a　鉄製農具である深耕用の(　①　)、脱穀用の(　②　)などが工夫され、穀物を選別する(　③　)、灌漑用の**踏車**などが考案された。

b　17世紀初めから幕府や諸藩は積極的に(　④　)をすすめ、**箱根用水**や見沼代用水などの開発がおこなわれ、**町人請負新田**でも大規模な治水・灌漑の工事がすすめられた。田畑の面積は、18世紀初めには江戸時代初めの約２倍に増加した。

c　幕府や大名は、(　⑤　)の生産を奨励して税収入の増大をはかり、全国各地で特産物がさかんにつくられ、江戸・上方などへ出荷された。

d　肥料の刈敷や厩肥が不足したため、都市周辺部では人糞尿の下肥、綿の生産地などでは(　⑥　)・**〆粕**・**油粕**・糠などを貨幣で購入する(　⑦　)が普及し、村々は商品流通に巻き込まれていった。

e　**宮崎安貞**の『(　⑧　)』や**大蔵永常**の『**広益国産考**』など、各地で**農書**がつくられ、農業の知識と技術が普及した。

諸産業の発達

a　林業では、良質な大木の山地は幕府や諸藩の直轄となり、**木曽檜**や秋田杉は有名な建築資材となった。薪や炭は燃料源として村々の入会地から近隣の城下町などへ出荷された。木製品や漆器なども流通した。

b　漁業では、沿岸部で漁場の開発がすすみ、網をもちいる**上方漁法**が普及した。鰯や鰊は**干鰯**や〆粕として各地に出荷された。17世紀末以降、中国向け輸出品に(　⑨　)や**昆布**がもちいられ、蝦夷地や陸奥で漁業がさかんになった。

c　製塩業では、瀬戸内海沿岸で(　⑩　)が開かれ、塩が量産された。

d　鉱山業では、17世紀初めには各地で金・銀がさかんに産出され、銀は東アジア各地域とのおもな貿易品となったが、17世紀後半に金・銀にかわって銅の産出量がふえ、**長崎貿易**の最大の輸出品となった。また、(　⑪　)による鉄の生産もさかんにおこなわれた。

手工業の発達

a　村では**農村家内工業**がおこなわれ、織物では綿作が普及し、河内で木綿の生産がさかんになった。絹織物は京都の(　⑫　)で(　⑬　)によって独占的に織られたが、18世紀なかごろまでには上野の**桐生**でも生産されるようになった。

b　陶磁器は、朝鮮人陶工が伝えた技術によって肥前(　⑭　)で生産された。のち、尾張の**瀬戸**や美濃の**多治見**などでも活発に生産された。

c　醸造業では、上方の**伏見**・(　⑮　)・**伊丹**などで**銘酒**が生産され、西日本でつくれていた醤油が関東の銚子や(　⑯　)など、全国で大量に生産され始めた。

農業技術の発達と耕地の拡大

次の図やグラフをみて、①～③の問いに答えてみよう。

①以前の農具と比べて、それぞれどのような点が発達したか、考えてみよう。
②17世紀に全国総石高(こくだか)が増加した理由を説明してみよう。
③17～19世紀の新田開発と人口の変化を説明してみよう。

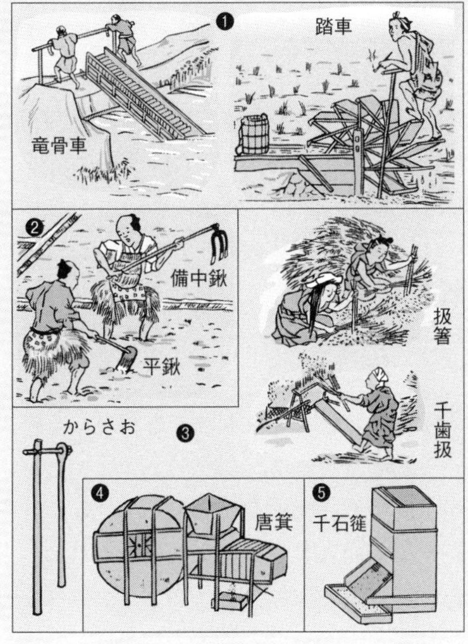

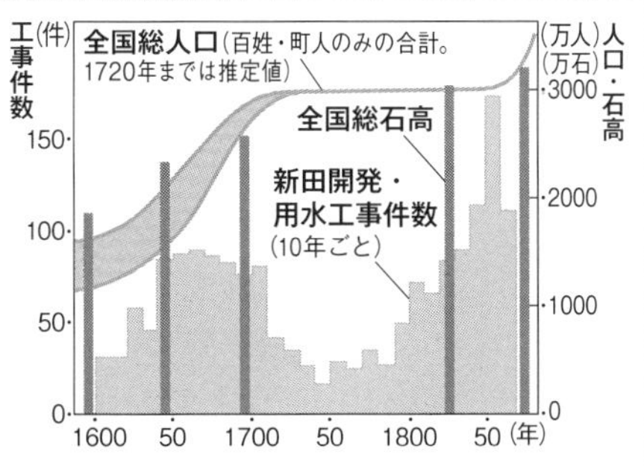

▲**新田開発と人口の変化**　新田開発は17世紀と19世紀にさかんにおこなわれ、人口は17世紀をつうじて増加し、その後は微増となった。(『日本土木史』などより作成)

◀**おもな農具**　❶田に水をくみ上げる竜骨車(りゅうこつしゃ)と踏車、❷田畑を耕す平鍬(ひらぐわ)と備中鍬、❸脱穀に使う扱箸(こきばし)・千歯扱・からさお、❹籾(もみ)と籾殻などをわける唐箕、❺実を選別する千石簁(せんごくどおし)。

7　経済の発展(2)

教 p.138〜141

Check

①
②
③
④
⑤
⑥
⑦
⑧
⑨
⑩
⑪
⑫
⑬
⑭
⑮
⑯
⑰

交通と流通の発達

a　幕府によって江戸から京都・大坂や各地の城下町につうじる(　①　)や**脇街道**が整備され、大名が宿泊する(　②　)や、**旅籠屋**・**問屋場**などを設けた**宿駅**がおかれた。

b　幕府は街道の要所に(　③　)をおき、大名の妻子や武器の移動を取り締まった。近世中期には**飛脚**による通信制度が整備された。

c　京都の豪商**角倉了以**が賀茂川・富士川の舟運を整備し、**高瀬川**などを開削して水路を開いた。

d　江戸の商人(　④　)が**東廻り海運・西廻り海運**のルートを整備した。**南海路**では**菱垣廻船**・(　⑤　)廻船が往復し、18世紀末には日本海の(　⑥　)や尾張の内海船など、遠隔地を結ぶ廻船が発達した。

商業の展開

a　近世初期には、**豪商**が朱印船貿易や地域間の価格差を利用して巨大な富を得たが、やがて衰えていった。

b　17世紀後半に、(　⑦　)が全国の商品流通を支配するようになり、(⑦)が仕入れた商品は、**仲買**や**小売商人**を通じて全国に送られた。全国市場が確立すると、江戸の(　⑧　)や大坂の(　⑨　)が組織され、18世紀前半には、幕府に公認された(　⑩　)が営業を独占権した。

貨幣と金融

a　幕府は(　⑪　)座・(　⑫　)座・**銭座**を設け、(⑪)・(⑫)・銭の**三貨**をつくって通用させたが、上方は(⑫)遣い、江戸は(⑪)遣いだったため、手数料をとって三貨を交換する(　⑬　)の役割が大きくなった。

b　大名は、領内だけに通用する**藩札**を発行して三貨の不足をおぎなった。

三都の発展

a　(　⑭　)は「**将軍のお膝元**」として、多くの武家が居住し、日本最大の都市へと成長した。

b　(　⑮　)は「**天下の台所**」として、全国の物資の集散地として栄える大商業都市となり、諸大名は(　⑯　)をおいて、**年貢米**や特産物である**蔵物**を、**蔵元**・**掛屋**をつうじて販売した。また、**納屋物**も活発に取引され、全国に出荷された。

c　(　⑰　)は天皇家や公家の居住地があり、寺院の本寺・本山、大神社が多数存在した。また、大商人の本拠地が多く存在し、高い技術をもちいた手工業生産も発達した。

d　(⑭)・(⑮)・(⑰)の**三都**は全国の流通の要として発展し、17世紀後半には世界有数の大規模な都市に成長した。

江戸時代の貨幣制度

次の図をみて、①～③の問いに答えてみよう。

①江戸幕府の三貨制度を、貨幣の種類に注目して説明してみよう。
②江戸幕府の貨幣制度の特徴を、中世と比較して説明してみよう。
③江戸幕府の貨幣制度を、金と銀の違いに注目して説明してみよう（教科書 p.149⑤「南鐐二朱銀」も参照）。

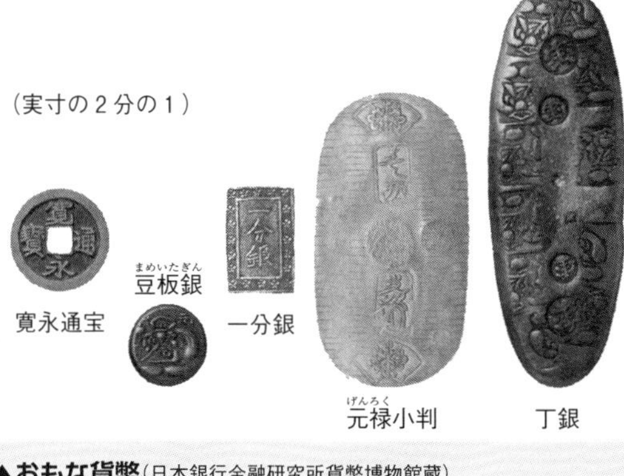

▲**おもな貨幣**（日本銀行金融研究所貨幣博物館蔵）

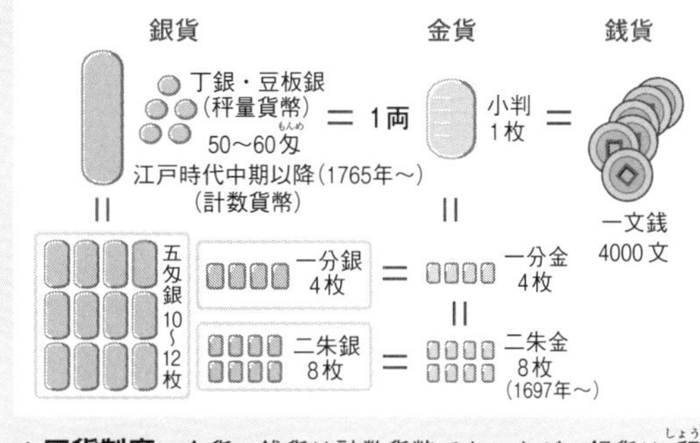

▲**三貨制度**　金貨・銭貨は計数貨幣であったが、銀貨は秤量貨幣であった。金銀相場の変動が両替商に活躍の場をあたえた。一分金4枚は小判1枚に相当する。

8　元禄文化

教 p.142〜145

Check

①

②

③

④

⑤

⑥

⑦

⑧

⑨

⑩

⑪

⑫

⑬

⑭

⑮

⑯

⑰

⑱

⑲

⑳

元禄文化

a　幕政の安定によって経済が発達すると、武士から民衆まで広く受け入れられた多彩な文化が生み出された。とくに鎖国の状態となって日本独自の文化が成熟した。この時代の文化を(　①　)文化とよぶ。

b　楮が原料の和紙の生産・流通や、出版・印刷技術の発展なども、文化の広がりを支えた。

学問の興隆

a　5代将軍徳川綱吉は儒学を重視し、江戸に**湯島聖堂**をたて、大学頭に林家の**林鳳岡**を任命した。その後、林家の(　②　)が儒学の本流として発展した。(②)の一派の**山崎闇斎**は**垂加神道**を説いた。

b　**中江藤樹**や**熊沢蕃山**は(　③　)を学んで、知行合一を主張した。

c　**山鹿素行**・**荻生徂徠**らは、孔子や孟子の古典にもどるべきだとして、(　④　)を形成した。

d　歴史学では史料にもとづく実証的な研究がおこなわれ、新井白石は『**読史余論**』を著した。

e　自然科学では、(　⑤　)(博物学)・農学・医学などが実用に適する学問として発達した。日本独自に発達した数学である(　⑥　)では、**関孝和**が円の研究をすすめ、天文学では**渋川春海**(安井算哲)が暦の誤差を修正した。

f　国文学では、**契沖**が『万葉集』、**北村季吟**が『源氏物語』を研究した。

元禄期の文芸

a　町人の文芸が上方を中心に展開した。(　⑦　)は『**好色一代男**』『**日本永代蔵**』など、世相・風俗をえがく(　⑧　)を書いた。

b　(　⑨　)は『**奥の細道**』などで、**幽玄閑寂**を第1とする(　⑩　)を確立した。

c　(　⑪　)は『**国性(姓)爺合戦**』『**曽根崎心中**』など、(　⑫　)や**歌舞伎**の**脚本**を書いた。(⑪)の作品は**竹本義太夫**らによって語られて(　⑬　)が成立した。また、歌舞伎芝居も発達し、江戸に(　⑭　)、上方に(　⑮　)らの名優が出た。

元禄期の美術

a　美術では、上方を中心に、洗練された作品が生み出された。絵画では(　⑯　)が**琳派**をおこし、上層町人に歓迎された。また(　⑰　)が始めた美人・役者などを版画にした(　⑱　)は庶民に人気があった。

b　陶器では(　⑲　)が**色絵**を完成させて、**京焼**の祖となった。

c　染物では、**宮崎友禅**が(　⑳　)を始めた。

琳派の絵画

次の図をみて、①②の問いに答えてみよう。

①尾形光琳は『紅白梅図屏風(こうはくばいずびょうぶ)』の画面の中央に、何をどのように描いているか説明してみよう。

②琳派の絵画の特徴を、下の図と寛永期の俵屋宗達『風神雷神図屏風』(教科書 p.133⑬) を比較しながら説明してみよう。

▲**『紅白梅図屏風』**(尾形光琳筆)(二曲一双、各縦156cm、横172.5cm。MOA 美術館蔵)

第10章

幕藩体制の動揺

1 幕政の改革と宝暦・天明期の文化(1)

教 p.147～150

Check

①

②

③

④

⑤

⑥

⑦

⑧

⑨

⑩

⑪

⑫

⑬

⑭

⑮

⑯

⑰

⑱

⑲

⑳

享保の改革

a　18世紀には、生産活動が活発化して**貨幣経済が浸透**するなか、武士の家計は苦しくなり、幕府や諸藩は財政難におちいった。

b　8代将軍(　①　)が側用人政治をやめて譜代・旗本を重視し、人材を登用しながら乗り出した幕政改革を(　②　)とよぶ。

c　金銀貸借の訴訟を受けつけず、当事者間で解決させる(　③　)を出した。また、(　④　)を出して支出をおさえ、有能な旗本を登用するために(　⑤　)を実施した。

d　増収をはかって、大名に(　⑥　)を命じ、一定期間年貢率を固定する(　⑦　)を採用して年貢率も引き上げた。また商人の資金力を借りて**新田開発**をすすめて耕地をふやした。

e　米価の調節をねらって、大坂の**堂島米市場**を公認した。また、さつまいも・さとうきび・**朝鮮人参**などの栽培をすすめた。

f　町奉行に(　⑧　)を登用し、防火対策として(　⑨　)を組織した。評定所に(　⑩　)を設置し、貧しい病人に医療をほどこす(　⑪　)つくった。裁判の基準として(　⑫　)を制定した。

社会の変容

a　18世紀後半になると、村では貧富の差が拡大し、村役人を兼ねる豪農層と、貧しい小百姓や小作農とが対立する(　⑬　)がおこった。

b　幕府や諸藩のきびしい支配に、百姓は要求を掲げて(　⑭　)をおこし、17世紀末には、広域の百姓が連合する**惣百姓一揆**がおこった。

c　1732年、西日本一帯でいなご・うんかが大量に発生し、(　⑮　)がおこった。

田沼時代

a　18世紀後半、老中(　⑯　)は幕府の財政再建のため、積極的に商人たちを利用した。

b　(　⑰　)を公認して営業税による増収をめざし、商人の力を借りて**印旛沼・手賀沼**の干拓をすすめた。さらに(　⑱　)を鋳造させ、江戸と大坂の貨幣制度の一本化をはかり、**蝦夷地**の開発と交易を探った。長崎貿易では銅や**俵物**で支払い、金・銀の流入につとめた。

c　幕府役人のあいだで賄賂が横行し、(⑯)への反発が強まった。

d　1782～87年、東北地方の冷害に始まる(　⑲　)がおこり、百姓一揆が多発して、江戸・大坂などで(　⑳　)も発生した。

百姓一揆の増加と社会の動き

次のグラフをみて、①②の問いに答えてみよう。

①百姓一揆や都市騒擾が激増している時期は、いつだろうか。またその背景も説明してみよう。

②江戸時代の中・後期から激増している村方騒動は、社会の動きとどのように関係するか説明してみよう。

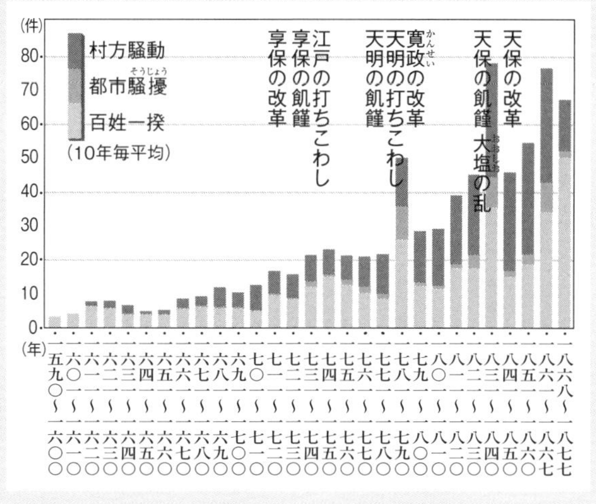

▲百姓一揆の推移(青木虹二『百姓一揆総合年表』より作成)

2　幕政の改革と宝暦・天明期の文化(2)

教 p.150〜152

宝暦・天明期の文化

a　18世紀後半の**宝暦**・**天明期**には、商品経済の発展により、裕福な百姓・町人、武家のなかから新たな文化の担い手があらわれた。

b　各地につくられた(　①　)などにより、庶民の識字率が高まり、出版物が広く出回った。

宝暦・天明期の学問と思想

a　**『西洋紀聞』**を著した新井白石を先駆けとする(　②　)は、将軍徳川吉宗の時代に漢訳洋書の輸入が緩和され、**青木昆陽**らがオランダ語を学んだことから、(　③　)として発達した。

b　田沼時代には、**前野良沢**・(　④　)らが『(　⑤　)』を訳述した。(　⑥　)は長崎で学んだ西洋科学の知識をもとに、エレキテルの実験などをおこなった。

c　日本古来の思想を求め古典を研究する(　⑦　)が発達し、**本居宣長**は『(　⑧　)』を著し、**塙保己一**は『(　⑨　)』を編さんして国史学・国文学の基礎を築いた。

d　尊王思想も発達したが、尊王論を説いた**竹内式部**は処罰され(**宝暦事件**)、幕政を批判した**山県大弐**は処刑された(**明和事件**)。

e　京都の町人(　⑩　)は**心学**をおこし、庶民に生活倫理を説いた。

f　各藩では藩士の子弟教育のための(　⑪　)のほか、**郷学**や**私塾**も設立された。庶民の子どもたちは**寺子屋**で、読み・書き・そろばんなどを学んだ。

宝暦・天明期の文学と美術

a　小説では、遊里を舞台とした(　⑫　)や**黄表紙**があらわれたが、代表作家の(　⑬　)は寛政の改革で処罰された。上方では(　⑭　)らが歴史や伝説を題材とした**読本**を著した。

b　俳諧では(　⑮　)が出た。同じころ、**柄井川柳**は俳諧の形式を借りた(　⑯　)で、**大田南畝**(蜀山人)は短歌の形式を借りた(　⑰　)で、世相や政治を風刺した。

c　演劇では、人形浄瑠璃にかわり、江戸を中心に**歌舞伎**が人気を集めた。

d　絵画では、(　⑱　)が多色刷の版画である**錦絵**を完成させ、美人画の(　⑲　)や役者絵の(　⑳　)がすぐれた作品を生み出した。

e　写実を重んじた(　㉑　)が近代日本画の源流となり、**池大雅**や(　⑮　)は**文人画**を大成し、知識人に好まれた。

f　写生画や文人画には西洋画の技法が取りこまれ、**司馬江漢**は平賀源内に学んで**銅版画**を始めた。

Check

①
②
③
④
⑤
⑥
⑦
⑧
⑨
⑩
⑪
⑫
⑬
⑭
⑮
⑯
⑰
⑱
⑲
⑳
㉑

新しい様式の写生画

左右の図の松の描き方をくらべて、どのようなところが異なるか説明してみよう。

▲二条城二の丸御殿大広間の松（狩野探幽筆）

▲『雪松図屛風』（円山応挙筆）（右隻、六曲一双、各縦155.5cm、横362.0cm。三井記念美術館蔵）

3　江戸幕府の衰退(1)

教 p.153〜156

Check

①

②

③

④

⑤

⑥

⑦

⑧

⑨

⑩

⑪

⑫

⑬

⑭

⑮

⑯

⑰

⑱

⑲

⑳

寛政の改革

a　11代将軍**徳川家斉**の補佐として老中になった白河藩主(　①　)が、吉宗の政治を理想としてとりくんだ幕政改革を(　②　)とよぶ。

b　出稼ぎなどで江戸に居住する百姓に、村に帰ることをすすめる(　③　)を出し、飢饉に備えて**社倉**・**義倉**に米穀を蓄えさせる(　④　)を実施した。

c　物価引下げに乗り出し倹約令を出し、旗本・御家人の6年以上前の借金を帳消しにするために(　⑤　)を出して**札差**に貸金を放棄させた。

d　**石川島**に(　⑥　)を設けて、無宿人に職業訓練をおこなった。

e　飢饉や災害に備えて、江戸の町人たちの町費節約分の7割を基金とする(　⑦　)を運用し、貧民救済のために米穀をたくわえさせた。

f　(　⑧　)により、湯島聖堂の幕府学問所では幕府の官学と定めた朱子学以外の講義・研究を禁じた。また『**海国兵談**』で海防の必要性を説いた(　⑨　)や、山東京伝の小説が風俗を乱すとして処罰された。

g　朝廷との尊号一件で将軍家斉と対立した(①)は、老中在職6年余りで退陣した。

h　熊本藩の**細川重賢**や、米沢藩の(　⑩　)が、**藩政改革**をおこなった。

鎖国の動揺

a　1792年、ロシア使節(　⑪　)が**根室**へ来航し通商を求めてきたが、幕府は拒否し、**近藤重蔵**や(　⑫　)を蝦夷地調査に派遣した。

b　1804年、ロシア使節(　⑬　)が長崎へ来航し通商を求めたが、幕府はこれを拒否したため、ロシア軍艦は樺太や択捉島を銃撃した。

c　1808年、イギリスの軍艦(　⑭　)が長崎湾内に侵入する事件がおこった。

d　幕府は、1825年、**異国船打払令**(**無二念打払令**)を出して外国船の撃退を命じ、列強を外敵として想定することになった。

大御所政治と大塩の乱

a　文化・文政期から天保期までの約50年間、(　⑮　)は将軍職を子にゆずったあとも政治の実権をにぎり続けた。これを(　⑯　)とよぶ。

b　農村では貧富の差が広がり、百姓一揆や村方騒動が各地であいつぎ、**無宿人**が増加するなど治安が乱れた。これに対し幕府は(　⑰　)をおき、江戸周辺の治安維持につとめた。

c　1833年から**天保の飢饉**が全国に広がった。1837年には、大坂町奉行所の元与力(　⑱　)が貧民救済のため武装蜂起し、幕府や諸藩に衝撃をあたえた。

d　1837年に浦賀へ接近したアメリカ船(　⑲　)を撃退した幕府を、蘭学者**渡辺崋山**・**高野長英**らが批判し、(　⑳　)で処罰された。

寛政異学の禁

下の史料を読んで、教科書 p.142図**2**「儒学者系統図」を参考に、①②の問いに答えてみよう。

①二重線の「正学」と、波線の「異学」は、それぞれ何をさすか。

②この政策が出された背景を説明してみよう。

朱子学は、慶長（けいちょう）以来、将軍家が代々信用してきた学問で、すでに林家（りんけ）が代々その学風を維持するよう命じられているのであるから、油断することなく正学（せいがく）を学び研究し、門人たちを取り立てるべきものである。ところが最近、世間ではいろいろな新しい学説をとなえ、異学が流行し、風俗を乱す者がいる。まったく、正学が衰えたためであろうか、このままでは放置できない。……必ず門人が異学を学ぶことを厳しく禁じ、そしてまた、自分の門下に限らず他の門派とも話し合い、正学を講義・研究し、人材を取り立てるように心がけよ。(『憲法類聚』、現代語訳)

4　江戸幕府の衰退(2)

教 p.156〜158

Check

①

②

③

④

⑤

⑥

⑦

⑧

⑨

⑩

⑪

⑫

⑬

⑭

天保の改革

a　1841年、老中(　①　)は**天保の改革**をおこなった。

b　きびしい倹約令・**風俗取締令**について、百姓の江戸出稼ぎを禁じ、江戸に流入した居住者を強制的に農村へ帰らせる(　②　)を出した。

c　物価上昇をおさえるため(　③　)の解散を命じたが、流通網が混乱したため、物価は下がらなかった。

d　苦しい幕臣の生活を救うため、幕府は**棄捐令**も出し、札差などに低利の貸出しを命じた。

e　外国船の接近に対し、江戸湾沿岸の防備をきびしくして、**西洋砲術**を導入した。

f　1843年、幕府財政の安定化と対外防備の強化のため(　④　)を出し、江戸・大坂周辺の約50万石の地を直轄地にしようとしたが、大名や旗本の反対で実施できず、(①)は失脚した。

経済の変化

a　年貢米を基本としていた幕藩体制の財政は、**天保の飢饉**の前後から各地でゆきづまり、商人資本による商品生産がさかんになると、賃金で雇われる貧しい百姓が増加した。

b　18世紀には、商人が原料・道具を生産者に前貸しし、その生産物を買い上げる(　⑤　)が一般化した。

c　天保期には、大坂周辺や尾張の綿織物業、北関東の絹織物業などで、地主や問屋商人らが家内工場を設け、働き手を集めて協同で手工業生産をおこなう(　⑥　)(マニュファクチュア)がみられた。

朝廷と雄藩の浮上

a　国内外の危機で幕府の威信が衰え、かわって天皇や朝廷が注目されるようになった(**尊王論**)。

b　(　⑦　)藩では、(　⑧　)が藩財政を立て直し、奄美三島の黒砂糖の専売や琉球との貿易などで利益を上げた。(　⑨　)は大砲製造のために**反射炉**をつくった。

c　(　⑩　)藩では、(　⑪　)が財政再建し、紙・蠟の専売や、下関に**越荷方**をおき、船荷を買い上げた委託販売で、莫大な利益をえた。

d　(　⑫　)藩では、**均田制**を実施して本百姓体制を再建するとともに、陶磁器(有田焼)の専売により財政を再建し、**反射炉**をそなえた大砲製造所を設けて洋式軍事工業の導入をはかった。

e　(　⑬　)藩では、改革派が緊縮財政に取り組み、藩財政の再建につとめた。

f　**薩長土肥**の西南日本の諸藩は、幕末の政局に強い発言力をもつ(　⑭　)として力をたくわえていった。

読みとき

経済の近代化

次の図をみて、①②の問いに答えてみよう。

①図Ａをみて、どのような作業順で綿織物が生産されるか、説明してみよう。
②図Ａを、図Ｂ「問屋制家内工業」と比較しながら、違いを説明してみよう。

▲**図Ａ　織屋（おりや）の生産**（『尾張名所図会』、部分、国立公文書館蔵）

▲**図Ｂ　問屋制家内工業**（『河内名所図会』、部分、国立国会図書館蔵）

5　化政文化　教 p.159～161

Check

①

②

③

④

⑤

⑥

⑦

⑧

⑨

⑩

⑪

⑫

⑬

⑭

化政文化

a　11代将軍徳川家斉の治世のもと、文化・文政期から天保の改革のころまでの文化を(　①　)文化とよぶ。

b　三都の繁栄を背景に、民衆も含む**町人文化**が最盛期を迎え、中央から地方へ文化が普及し、多種多様な内容となっていった。

学問・思想界の動向

a　19世紀に入り外圧が強まると、海防論と開国論がうまれ、積極的に海外との貿易論を主張する者もあらわれた。

b　幕府は天文方に(　②　)をおき、洋書の翻訳にあたらせた。

c　オランダ商館のドイツ人医師(　③　)は、長崎に(　④　)を開いて高野長英らを教えた。(　⑤　)は大坂に(　⑥　)を開いて、福沢諭吉ら多くの人材を育成したが、(③)事件や**蛮社の獄**など、幕府に洋学が弾圧されることもあった。

d　下総の商人出身の(　⑦　)は幕府の命をうけて全国の海岸を実測し、「**大日本沿海輿地全図**」の完成へ道を開いた。

e　国学では**平田篤胤**が(　⑧　)をとなえ、幕末の政治に影響をあたえた。

文学と美術

a　滑稽や笑いをもとに庶民生活をえがいた(　⑨　)や、恋愛小説である(　⑩　)が広く読まれたが、代表的作家の**為永春水**は天保の改革で処罰された。

b　勧善懲悪を説く長編小説の**読本**も人気を集め、**曲亭馬琴**の『**南総里見八犬伝**』が評判を得た。

c　俳諧では信濃の(　⑪　)が村々に暮らす民衆の生活をよみ、和歌では越後の禅僧**良寛**が素朴な生活をうたった。

d　錦絵の風景版画が流行し、(　⑫　)や**歌川広重**らの絵が広まり、のちにヨーロッパの印象派に影響を与えた。

民衆文化の成熟

a　江戸や上方を中心に、**鶴屋南北**の『**東海道四谷怪談**』などの**歌舞伎**が人気を博した。

b　春の花見や四季の勧進相撲などの娯楽が広まった。有力な寺社では、**縁日**とともに開帳や(　⑬　)に人びとが集まった。

c　名所見物・湯治・巡礼などの旅もさかんになり、**伊勢神宮**へ集団で参拝する(　⑭　)は、60年に1度の周期で大規模におこなわれた。

d　**五節句**や彼岸・盂蘭盆会などの行事、**日待**・**月待**や庚申講なども人びとの楽しみであった。

浮世絵とジャポニスム

次の図をみて、①②の問いに答えてみよう。

①左の「亀戸梅屋敷」を模写した「ジャポネズリー、花咲く梅の木」のような、浮世絵が影響を与えたヨーロッパの画家の作品を調べてみよう。

②ヨーロッパの画家たちは、浮世絵のどのような点に影響をうけたのか、説明してみよう。

▲**歌川広重筆「名所江戸百景　亀戸梅屋敷(かめいどうめやしき)」**(左、1857年)**とゴッホ画「ジャポネズリー、花咲く梅の木(広重を模して)」**(右、1887年)(左：東京国立博物館蔵、右：ファン＝ゴッホ美術館蔵)

第11章

近世から近代へ

1　開国とその影響(1)　教 p.164〜166

Check

①
②
③
④
⑤
⑥
⑦
⑧
⑨
⑩
⑪
⑫
⑬

ペリー来航

a　18世紀末から19世紀初め、ロシア船やイギリス船が日本に開港と貿易を求めるようになった背景には、**市民革命**(かくめい)と(　①　)をへたヨーロッパ列強(れっきょう)の外交政策があった。幕府(ばくふ)は従来の対外政策を保ちつつも、対応を模索した。

b　1840年、清(しん)で(　②　)戦争がおこり、清の劣勢が日本に伝わると、幕府は1842年、異国船打払令(いこくせんうちはらいれい)をゆるめて(　③　)を発布し、**海防掛**(かいぼうがかり)を設置して、外交方針を検討するようになった。

c　アメリカは太平洋を航海する貿易船や(　④　)の寄港地(きこうち)を日本に求めた。1846年、アメリカ東インド艦隊司令長官(かんたいしれいちょうかん)**ビッドル**は、浦賀(うらが)沖に来航し通商を要求したが、幕府は要求を拒絶した。

d　1853年、アメリカ東インド艦隊司令長官(　⑤　)は、軍艦(ぐんかん)4隻(せき)をひきいて**浦賀沖**へ来航し、(　⑥　)大統領の国書を幕府に提出して開国を求めた。幕府は大統領の国書を受け取り、翌年に回答することを約束して日本を去らせた。

e　ロシアの使節(しせつ)(　⑦　)も**長崎**に来航し、幕府に開国と国境の画定(かくてい)を求めた。

不平等条約①

a　1854年、**ペリー**がふたたび来航し開国を要求したため、幕府はやむなく(　⑧　)条約を結んだ。

(1)(　⑨　)・(　⑩　)の2港を開くこと。

(2)アメリカ船が必要とする燃料・食料を供給すること。

(3)アメリカに一方的な(　⑪　)をあたえること。

(4)(⑨)に領事(りょうじ)の駐在を認めること。

b　幕府は**イギリス・ロシア・オランダ**とも類似の条約を結んだ。

c　老中(ろうじゅう)首座(　⑫　)は、幕府の外交方針を変更して、条約締結(ていけつ)交渉の事態を**朝廷に報告**し、諸大名(だいみょう)や幕臣(ばくしん)にも意見を求めたが、これは朝廷の権威(けんい)を高める結果となった。

d　幕府は新たに有能な人材を取り立てるとともに、国防(こくぼう)を強化するため、江戸湾に(　⑬　)(砲台(ほうだい))を築き、**大船建造**(たいせんけんぞう)**の禁止を解除**した。

対外政策の変遷

次の２つの史料を読んで、①～④の問いに答えてみよう。

①傍線❶について、この政策の名前は何だろうか。

②傍線❷について、このとき何がきっかけで改正をしたのだろうか。

③傍線❸について、この方針は日米和親条約に引き継がれたのだろうか、それとも改正されたのだろうか。それは日米和親条約のどの条文に書かれているのか、当てはまる部分に線を引いてみよう。

④日米和親条約の内容は、アメリカにとって満足するものだったのだろうか、それともまだ不十分だったのだろうか。「アメリカ国務長官から遣日特使への指令」(1)～(3)について、それぞれ考えてみよう。

天保の薪水給与令（一八四二年）

異国船渡来の節、❶二念無く打払い申すべき旨、文政八年仰せ出され候。然る処❷当時万事御改正にて、享保寛政の御政事に復され、何事によらず御仁政を施され度しとの有難き思召に候。右については、外国のものにても難風に逢ひ、漂流にて食物薪水を乞い候迄に渡来候を、其の事情相分らざるに、一図に打払い候ては、万国に対せられ候御処置とも思召されず候。依って文化三年異国船渡来の節、取計方の儀につき仰せ出され候趣相復し候様仰せ出され候間、❸異国船と見受け候はば、得と様子相糺し、食料薪水等乏しく帰帆成り難き趣候はば、望みの品相応に与へ、帰帆致すべき旨申し諭し、尤上陸は致させ間敷候。

（『通航一覧続輯』）

日米和親条約（一八五四年）

第一条　日本国と合衆国とは、其人民永世不朽の和親を取結び、場所、人柄の差別これなき事。

第二条　伊豆下田・松前地箱館の両港は、日本政府に於て、亜墨利加船薪水・食料・石炭欠乏の品を、日本にて調ひ候丈は給し候為め、渡来の儀差し免し候。……

第三条　合衆国の船、日本海浜漂着の時扶助いたし、其漂民を下田又は箱館に護送し、本国の者受取申すべし。所持の品物も同様に致すべく候。……

第九条　日本政府、外国人え当節亜墨利加人え差し免さず候廉相免し候節は、亜墨利加人えも同様差免し申すべし。右に付、談判猶予致さず候事。

（『大日本古文書　幕末外国関係文書』）

▼アメリカ国務長官から遣日特使への指令（1851年５月）

(1)対中貿易に従事するアメリカ汽船に石炭購入を許すこと。

(2)日本沿岸で難破したアメリカ船の船員や財産を保護する義務を日本が負うこと。

(3)日本の港で積荷を販売または交換する権利を認めること。

2 開国とその影響(2)

教 p.167〜169

Check

①

②

③

④

⑤

⑥

⑦

⑧

⑨

⑩

⑪

⑫

⑬

⑭

⑮

不平等条約②

a　アメリカ総領事(　①　)は通商条約を結ぶことを強く求めた。通商条約をめぐる国内の対立は激しく、老中(　②　)は朝廷に条約調印の勅許を求めたが、**孝明天皇**の勅許は得られなかった。

b　1858年、清が**第2次アヘン戦争**でイギリス・フランスに敗れると、(①)は通商条約の調印を幕府に強くせまった。大老(　③　)は勅許を得られないまま、同年に(　④　)条約の調印を断行したが、日本にとって不利な内容をもつ(　⑤　)条約であった。

(1)(　⑥　)・長崎・箱館・新潟・兵庫を開港すること、江戸・大坂を開市すること。

(2)通商は**自由貿易**とすること。

(3)日本の(　⑦　)権を認めないこと。

(4)アメリカの(　⑧　)権を認めること。

c　幕府は**オランダ・ロシア・イギリス・フランス**とも類似の条約を結んだ。これを(　⑨　)条約という。

国内経済への影響

a　貿易は1859年から横浜・長崎・箱館で始まった。貿易額は(　⑩　)港が圧倒的に多く、取引相手国は(　⑪　)が1位を占めた。

b　日本は(　⑫　)・茶などを多く輸出し、毛織物・(　⑬　)などを輸入した。貿易額は日本の**輸出超過**(黒字)となった。

c　製糸業で**座繰製糸**が発達し、養蚕業も拡大した。一方、安い綿糸や(⑬)の輸入により、国内の手紡ぎや織物生産がふるわなくなった。

d　流通面では、従来の江戸の**問屋**を通したしくみがくずれた。さらに輸出の伸びに生産量が追いつかず、品不足の状態となった。物価は上昇し、庶民の生活も苦しくなった。

e　**金・銀の交換比**が外国と日本では異なっていたために、大量の金貨が海外へ流出した。海外流出に対して、幕府が(　⑭　)をおこなうと物価はさらに上昇し、庶民の生活をいっそう圧迫した。

f　貿易がおこなわれることへの反感が高まり、外国勢力を日本から追い出そうという(　⑮　)論の一因となった。

貿易の影響

次のグラフから、貿易の開始が国内産業に与えた影響について説明してみよう。

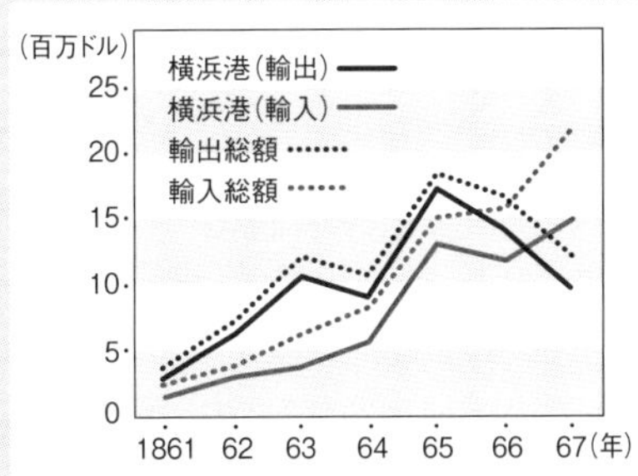

▲輸出入額の変遷(石井孝『幕末貿易史の研究』より作成)

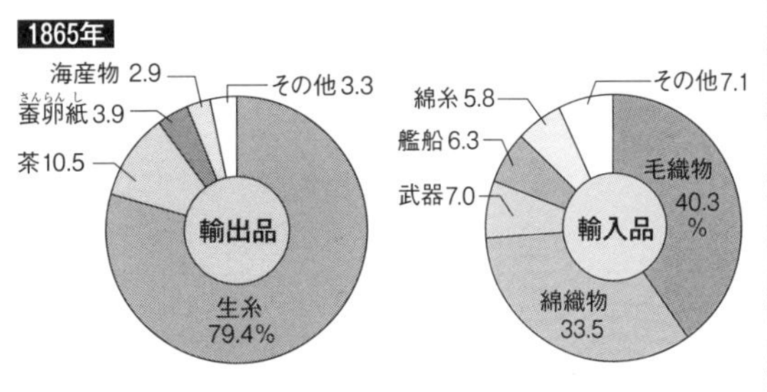

▲主要輸出入品の割合(石井孝『幕末貿易史の研究』より作成)

3　幕府の滅亡と新政府の発足(1)

教 p.169〜171

Check

①

②

③

④

⑤

⑥

⑦

⑧

⑨

⑩

⑪

⑫

⑬

⑭

⑮

⑯

⑰

⑱

⑲

⑳

幕府の動揺

a　13代将軍(　①　)のあとつぎをめぐり、(　②　)をおす一橋派と、徳川慶福をおす南紀派が対立した。

b　南紀派の(　③　)は大老に就任すると一橋派をおさえ、慶福を後継将軍に決定した(14代将軍(　④　))。

c　一橋派に非難された(③)は、いわゆる(　⑤　)を断行して反対派を多数処罰した。(②)らは謹慎を命じられ、処罰者の数は100人をこえた。

d　弾圧には反発も強く、1860年、(③)は水戸脱藩士らにおそわれて死亡した。この事件を(　⑥　)という。

尊王攘夷運動

a　老中(　⑦　)は、朝廷と幕府の協調をはかり、反幕府勢力をおさえようと(　⑧　)の政策をとった。この政策により、孝明天皇の妹(　⑨　)を将軍徳川家茂の夫人にむかえた。

b　朝廷を尊び外国人を打ち払おうとする(　⑩　)論(尊攘論)をとなえる勢力が反発し、(⑦)は1862年におそわれて負傷し、老中の職をしりぞいた。この事件を(　⑪　)という。

c　朝廷と幕府の協調をはかる(⑧)の立場から、薩摩藩の(　⑫　)が幕政改革をうながし、幕府は(　⑬　)を政事総裁職、徳川慶喜を将軍後見職、(　⑭　)を京都守護職に任命した。

d　(⑫)が京都へもどる途中、横浜郊外で薩摩藩士がイギリス人を殺傷する事件がおきた。この事件を(　⑮　)という。

e　長州藩の尊攘派は朝廷を動かし、1863年に、将軍徳川家茂に攘夷決行の命令を出させ、下関の海峡を通過した外国船を一方的に砲撃した。

f　薩摩藩は(⑮)への賠償を求めるイギリス軍艦と鹿児島湾で交戦した。この戦いを(　⑯　)戦争という。

g　公武合体の立場をとる薩摩・会津藩が長州藩などの尊攘派を京都から追放した。この事件を(　⑰　)という。

h　長州藩の尊攘派は翌年に勢力回復をめざして上京したが、会津・桑名・薩摩藩などの兵に敗れてしりぞいた。この事件を(　⑱　)という。幕府は御所への攻撃を理由に(　⑲　)(第1次)を開始した。

i　イギリス・フランス・オランダ・アメリカは下関へ4カ国の連合艦隊を送り、砲台を攻撃した。この事件を(　⑳　)という。

攘夷運動の激化

次の写真をみて、①②の問いに答えてみよう。

①この写真は何の事件に関わるものだろうか。写っている物や人びとの服装に着目して考えてみよう。

②この出来事などをきっかけに、長州藩や薩摩藩ではどのような変化が起こったのか説明してみよう。

▲占領(せんりょう)された砲台(横浜開港資料館蔵)

4　幕府の滅亡と新政府の発足(2)　教 p.171〜173

Check

①
②
③
④
⑤
⑥
⑦
⑧
⑨
⑩
⑪
⑫
⑬
⑭
⑮

倒幕運動

a　1866年初め、長州藩の**高杉晋作**・(　①　)(木戸孝允)と薩摩藩の(　②　)・**大久保利通**は、土佐藩出身の(　③　)らの仲介で(　④　)の密約を結び、反幕府の態度を固めた。

b　この年、幕府は(　⑤　)(第２次)を試みたが薩摩藩は従わず、将軍徳川家茂の急死を理由に戦闘を中止した。

c　貧農を中心に世直しをとなえる**一揆**や**打ちこわし**も各地で発生し、1867年には、東海・近畿に「(　⑥　)」の乱舞もおこった。

d　薩長両藩は1867年10月14日、朝廷内の倒幕派(　⑦　)らと結び、いわゆる討幕の密勅を手に入れた。

e　将軍徳川慶喜は前土佐藩主**山内豊信**(**容堂**)のすすめにより、同日、(　⑧　)の上表を朝廷に提出していた。これには、徳川氏が大名として存続し、国政のうえで実質的な影響力を維持しようとするねらいがあった。

f　倒幕派は12月９日、クーデタを決行し、(　⑨　)を発して天皇中心の新政府の樹立を宣言した。

g　新政府は摂政・関白を廃止し、天皇のもとに**総裁**・**議定**・**参与**の三職をおき、参与には有力藩の藩士を入れ、雄藩連合の形をとった。

h　その夜の三職による(　⑩　)では、徳川慶喜に対して内大臣の辞退と領地の返上を命じた(**辞官納地**)。

新政府の発足

a　1868年１月に**鳥羽・伏見の戦い**がおこり、(　⑪　)戦争が始まった。新政府は４月に江戸城を戦うことなく明け渡させ、(　⑫　)の抵抗を打ち破り、箱館の**五稜郭**にたてこもった旧幕府海軍も降伏させ、1869年５月、内戦を終結させた。

b　1868年３月、新政府は(　⑬　)を公布した。誓文には公議世論の尊重と開国和親の新政府方針を示し、天皇親政を誓った。翌日には、(　⑭　)を掲げて、旧幕府の教学政策を引きつぐことを示した。

c　政府は**政体書**を制定し、中央の太政官に権力を集め、三権分立の形を取り入れて、あらたな政治体制をととのえようとした。

d　８月、明治天皇が即位した。政府は翌月に年号を明治に改元して、**一世一元の制**を採用し、翌年には東京への事実上の遷都をおこなった。

e　幕末から新政府が成立し、変革の過程を、広く(　⑮　)とよぶ。

新政府の方針

五箇条の誓文と五榜の掲示をくらべると、どのような相違がみられるのだろうか。そしてそれはなぜか、それぞれ説明してみよう。

五箇条の誓文

一 広ク会議ヲ興シ、万機公論ニ決スベシ
一 上下心ヲ一ニシテ、盛ニ経綸ヲ行フベシ
一 官武一途庶民ニ至ル迄各其志ヲ遂ゲ、人心ヲシテ倦ザラシメン事ヲ要ス
一 旧来ノ陋習ヲ破リ、天地ノ公道ニ基クベシ
一 智識ヲ世界ニ求メ、大ニ皇基ヲ振起スベシ

我国未曽有ノ変革ヲ為ントシ、朕躬ヲ以テ衆ニ先ンジ、天地神明ニ誓ヒ、大ニ斯国是ヲ定メ、万民保全ノ道ヲ立ントス。衆亦此旨趣ニ基キ、協心努力セヨ。

（『法令全書』）

五榜の掲示

第一札 定
一 人タルモノ五倫ノ道ヲ正シクスベキ事。
一 鰥寡孤独廃疾ノモノヲ憫ムベキ事。
一 人ヲ殺シ家ヲ焼キ財ヲ盗ム等ノ悪業アル間敷事。

第二札 定
何事ニ由ラズ宜シカラザル事ニ大勢申合セ候ヲ徒党ト唱へ、徒党シテ強テ願ヒ事企ルヲ強訴トイヒ、或ハ申合セ居町居村ヲ立退キ候ヲ逃散ト申ス、堅ク御法度タリ。若シ右類ノ儀之レアラバ早々其筋ノ役所へ申出ルベシ。御褒美下サルベク事。

第三札 定
切支丹邪宗門ノ儀ハ堅ク御制禁タリ。若シ不審ナル者コレ有ラバ、其筋之役所へ申出ルベシ。御褒美下サルベク事。

第四札 覚
今般、王政御一新ニ付、朝廷ノ御条理ヲ追ヒ外国御交際ノ儀仰出サレ、諸事朝廷ニ於テ直ニ御取扱成サレラレ、万国ノ公法ヲ以テ条約御履行在ラセラレ候ニ付テハ、全国ノ人民叡旨ヲ奉戴シ心得違コレ無キ様仰セ付ケラレ候。自今以後猥リニ外国人ヲ殺害シ或ハ不心得ノ所業等イタシ候モノハ、朝命ニ悖リ御国難ヲ醸成シ候而已ナラズ、……皇国ノ御威信モ相立タス……

第五札 覚
……自然今日ノ形勢ヲ窺ヒ、猥リニ士民トモ本国ヲ脱走イタシ候儀、堅ク差シ留メラレ候。万一脱国ノ者コレ有リ、不埒ノ所業イタシ候節ハ、主宰ノ者落度タルベク候。……

（『法令全書』）

第12章

近代国家の成立

1　明治維新(1)

教 p.178〜181

Check

①

②

③

④

⑤

⑥

⑦

⑧

⑨

⑩

⑪

⑫

⑬

⑭

⑮

中央集権の強化

a　1869年、新政府は諸藩に(　①　)を命じ、名目上は土地と人民を支配したが、旧藩主は(　②　)として従来通り藩政にあたった。

b　1871年、薩摩・長州・土佐の兵を(　③　)として軍事力を固め、一挙に(　④　)を断行した。

c　中央政府から**府知事**・(　⑤　)が派遣され、政府の指令が地方に徹底されるようになった。(②)は東京に住むこととされた。

d　太政官は**正院**・**左院**・**右院**の三院制となった。要職は**薩摩**・**長州**・**土佐**・**肥前**出身の実力者が占め、のちに(　⑥　)政府とよばれた。

e　1873年、(　⑦　)の主導で**国民皆兵**をめざす(　⑧　)を出した。満20歳に達した男性から選抜され、3年間の兵役の義務を負った。

f　兵役は平民にとってはあらたな負担となったうえ、旧武士は特権をうばわれる結果となり、各方面から反発が強かった。

四民平等

a　新政府は旧藩主・公家を(　⑨　)、藩士・旧幕臣を**士族**とした。百姓・町人は**平民**となり、苗字、住居移転、職業選択の自由、(⑨)・士族との結婚などが認められ、いわゆる(　⑩　)となった。1872年には全国の統一的戸籍である(　⑪　)がつくられた。

b　1871年にいわゆる解放令を出し、「えた」・非人というよび名をやめ、身分・職業ともに平民と同様としたが、差別は依然として続いた。

c　1876年、**金禄公債証書**をあたえて家禄をすべて廃止した。これを(　⑫　)という。下級士族は困窮し、不慣れな商売に手を出して失敗する者もあった(**士族の商法**)。政府は士族授産につとめたが、成功例は少なかった。

地租改正

a　1872年に**田畑永代売買の禁止令**をといて土地の所有権を認め、翌年には(　⑬　)に着手した。

(1)土地を測量して**地価**を定め、土地所有者に(　⑭　)を発行する。

(2)課税基準を収穫高から地価に改める。

(3)物納を**金納**に改めて税率を地価の(　⑮　)%とする。

(4)土地所有者を納税者とする。

b　政府の財政は一応安定したが、農民の負担は以前とかわらず、負担の軽減を求める一揆が各地でおこった。

読みとき

農民一揆の状況

グラフ前半と後半の一揆多発期ではどのような違いがあるのだろうか。要求相手に着目して説明してみよう。

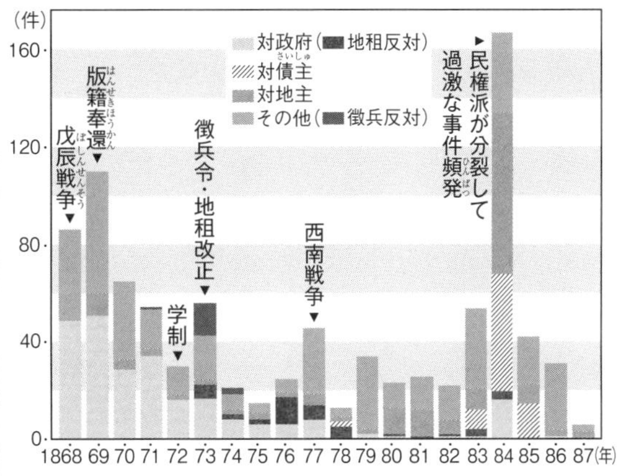
(件)
160
120
80
40
0
対政府(地租反対)
対債主
対地主
その他(徴兵反対)
戊辰戦争
版籍奉還
学制
徴兵令・地租改正
西南戦争
民権派が分裂して過激な事件頻発
1868 69 70 71 72 73 74 75 76 77 78 79 80 81 82 83 84 85 86 87(年)

▶**農民一揆の状況**(青木虹二『明治農民騒擾の年次的研究』より作成)

2　明治維新(2)

㊍ p.181～183

Check

①
②
③
④
⑤
⑥
⑦
⑧
⑨
⑩
⑪
⑫
⑬
⑭
⑮

殖産興業

a　政府は**富国強兵**・**殖産興業**をスローガンとし、産業の育成に取り組んだ。

b　**工部省**・(　①　)を設けて事業を推進し、いわゆる(　②　)をまねいて技術指導にあたらせた。

c　1871年、**前島密**の建議により官営の(　③　)制度をつくり、1872年には新橋・横浜間に官営の**鉄道**を開通させ、**電信**をととのえた。海運では、土佐藩出身の**岩崎弥太郎**が経営する(　④　)を手あつく保護した。

d　1871年、(　⑤　)を定め、円・銭・厘を単位とする新硬貨をつくった。

e　鉱工業では、東京・大阪に官営の軍需工場を設けた。**横須賀**・**長崎**の造船所も拡充し、佐渡・生野などの重要鉱山、**高島**・**三池**などの炭鉱の経営もおこなった。

f　群馬県に官営の(　⑥　)を設けて、**フランス**の先進技術の導入と工女の養成をおこなった。

g　1869年、蝦夷地を北海道と改称して(　⑦　)をおき、**アメリカ**の大農場制度や畜産技術の導入をはかった。札幌農学校を開設し、1874年には(　⑧　)制度を設け、**ロシア**に対する備えとした。

h　三井・(④)などの特権的な事業家は(　⑨　)とよばれた。

文明開化

a　富国強兵をめざす政府は、積極的に西洋の近代思想や生活様式などを導入した。当時、この風潮は(　⑩　)とよばれた。

b　思想の面では、天賦人権の思想が紹介され、(　⑪　)の『学問のすゝめ』は人びとに広く読まれた。(⑪)の考え方は文部省の教育方針にもとりこまれ、1872年に**国民皆学**をめざす(　⑫　)が公布された。

c　森有礼・(⑪)らの洋学者たちは、1873年に(　⑬　)を組織し、封建思想の排除と近代思想の普及につとめた。

d　**神仏分離令**をきっかけに各地で(　⑭　)がおこった。1870年には**大教宣布の詔**を発し、神道を中心とした国民教化をめざした。

e　列国からの抗議をうけ、1873年にキリスト教を禁じる高札を撤廃した。また、政府は強い批判をうけた神道を中心とする国民教化から、神道と仏教による教化へと方針を転換した。

f　東京の銀座通りには煉瓦造の二階屋、ガス灯、人力車・乗合馬車、ざんぎり頭に洋服の人びとの姿などがみられた。

g　1872年には(　⑮　)を採用し、1日を24時間、日曜を休日とした。天皇と関わる祝祭日が制定されるなど、従来の行事や慣習が改められた。

「開化因循興廃鏡」から読みとく文明開化

次の図をみて、①〜③の問いに答えてみよう。

①どのような新旧対立が描かれているか探してみよう。
②日本在来のものが優勢、または互角に戦っているものを探してみよう。
③外来のもののなかで、服装が洋服のものと和服のものと違いがあるのはなぜか考えてみよう。

▲**「開化因循興廃鏡」**(静岡県立中央図書館蔵)

①日本油・南京油　②ちょんまげ・ざんぎり頭　③とこみせ・小便所
④豚・うさぎ　⑤燭台(カンテラ)・ランプ　⑥瓦・レンガ
⑦両天傘(晴雨兼用の和傘)・こうもり傘　⑧駕籠・人力車　⑨おでん・牛鍋
⑩烏帽子・帽子(シャッポ)　⑪日本米・南京米　⑫漢字・横文字　⑬床几・椅子
⑭日本酒・西洋酒　⑮会席料理・西洋料理　⑯ぬか袋・石鹸(シャボン)

3　明治維新(3)

教 p.184〜185

Check

①

②

③

④

⑤

⑥

⑦

⑧

⑨

⑩

⑪

⑫

⑬

⑭

明治初期の対外関係

a　1871年末、(　①　)を大使とする使節団が欧米に派遣された。条約改正交渉をこころみたが失敗し、欧米の文物・制度を視察して帰国した。

b　朝鮮に対しては国交樹立を求めた。しかし、朝鮮は鎖国政策をとっていたため応じなかった。(　②　)・板垣退助らは(　③　)をとなえたが、欧米視察から帰国した**大久保利通**らが反対したため、朝鮮への使節派遣は実現しなかった。

c　1875年、日本が朝鮮半島沿岸に軍艦を派遣して圧力を加え、(　④　)が発生した。日本は朝鮮に開国を強くせまり、翌年には(　⑤　)を結び、朝鮮に日本の領事裁判権や関税免除などを認めさせた。

d　清に対しては1871年、相互対等の(　⑥　)を結んだ。(　⑦　)の漂流民が台湾で殺害される事件がおこると、1874年、日本は(　⑧　)を行い、清に事実上の賠償金を支払わせた。

e　17世紀以来、日清両属の形をとっていた(　⑦　)に対しては、1872年、(　⑦　)藩をおいて日本への帰属を明らかにし、1879年には廃藩を強行し、**沖縄県**をおいた。これを(　⑨　)という。

f　1875年、ロシアと(　⑩　)を結び、樺太全島をロシア領、千島全島を日本領とすることで合意した。

g　(　⑪　)には1876年に役所を設けて統治を再開した。こうして、日本の領土は国際的に画定された。

政府への反抗

a　1873年には**徴兵反対一揆(血税一揆)**、1876年には**地租改正反対一揆**がおこったため、翌年に地租率を地価の3％から(　⑫　)％に引き下げた。

b　1874年、**江藤新平**を首領とする(　⑬　)がおこり、その後1876年の廃刀令公布や家禄廃止に反発した**士族の反乱**が九州地方を中心にあいついでおこった。

c　1877年、**西郷隆盛**を首領とする(　⑭　)戦争がおこり、政府は徴兵制度による新しい軍隊を投入し、鎮圧した。これを最後に、武力による反乱は終わりを告げた。

西南戦争と士族

この錦絵には西南戦争を連想させる部分がある。以下の点に着目して、それぞれにどのような意味がこめられているか解釈してみよう。

①店の名前やマーク
②商品名やその解説文
③店主のうしろの絵画
④士族の商法は失敗することが多かったのに、この店が繁盛している理由

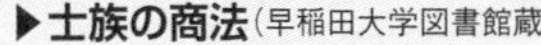
▶士族の商法（早稲田大学図書館蔵）

4　立憲国家の成立(1)

㊫ p.186〜188

Check

①

②

③

④

⑤

⑥

⑦

⑧

⑨

⑩

⑪

⑫

⑬

⑭

⑮

⑯

⑰

⑱

⑲

自由民権運動

a　1874年、(　①　)らは東京で愛国公党をつくり、(　②　)を太政官の左院に提出した。

b　(①)らは高知県で**立志社**をおこし、翌年、民権派の全国組織をめざして、大阪で**愛国社**を結成した。

c　政府は(　③　)を出し、**元老院**・**大審院**・**地方官会議**を設置し、立憲制へ移行する構えをみせた。一方、**讒謗律**・(　④　)を制定し、民権派の活動を取り締まった。

d　地主や商工業者らも**自由民権運動**に参加した。政府は(　⑤　)を設置し、ある程度民意をくめるような地方制度に改めた。

e　1880年、民権派が(　⑥　)を結成し、政府に国会の早期開設を要求すると、政府は(　⑦　)を定めて民権派の言論・集会・結社をおさえようとした。

f　政府内部では(　⑧　)らが**イギリス**を模範とする国会の開設をとなえていた。一方、(　⑨　)らは**ドイツ**のように君主権の強い立憲政治をめざし、対立していた。

g　1881年、(　⑩　)を機に民権派が政府を攻撃すると、政府は払下げを中止し、(⑧)を政府から追放した。また、(　⑪　)を出し、1890年の国会開設を公約した。この出来事を(　⑫　)という。

h　1881年、板垣退助が**フランス**風の急進的自由主義をとなえる(　⑬　)党を、翌年に大隈重信が**イギリス**風の穏健な議会主義を主張する(　⑭　)党を組織した。民権派は憲法の私案である(　⑮　)もつくった。

i　(　⑯　)がルソーの**社会契約説**を紹介するなど、思想の面での論争が展開された。個人の権利をのばそうという(　⑰　)論と、国家を安定させその勢力をのばそうという(　⑱　)論があった。

自由民権運動の再編①

a　1881年、大蔵卿(　⑲　)は増税とデフレーション政策(**松方財政**)を採った。その結果、米や繭などの価格が急落した。

b　**自作農**のなかには土地を手放して**小作農**になる者も多く、**地主**は手放された土地を集積していった。

c　生活にゆきづまった貧農のなかから民権運動に参加する者があらわれる一方、地主・農民のなかには民権運動から手を引く者も出てきた。

「民犬党吠」から読みとく自由民権運動

次の図をみて、①～③の問いに答えてみよう。

①犬の尻尾に書かれている「R. OF THE P.」とは何を意味しているのだろうか、首輪の文字や「R.」「P.」が何を省略しているのかに着目して、考えてみよう。

②犬をおさえようとしている人びと、後ろで手を上げて応援している人びとはそれぞれどのような立場だろうか、彼らの服装に着目して、考えてみよう。

▲「民犬党吠（みんけんとうぼえ）」（『団団珍聞』第146号〈明治13年2月7日〉所収）（東京大学法学部附属明治新聞雑誌文庫蔵）

③犬が人間より大きく描かれていることは、当時のどのような状況を表しているか考えてみよう。

5 立憲国家の成立(2)

教 p.187〜190

Check

①
②
③
④
⑤
⑥
⑦
⑧
⑨
⑩
⑪
⑫
⑬
⑭
⑮
⑯
⑰
⑱

自由民権運動の再編②

a 1882年に道路の造成事業の徴用に反対する農民や自由党員らが検挙された(①)や、1884年に多数の農民らが税の軽減や借金の返済延期などを求めて立ち上がった(②)などを、**激化事件**と呼ぶ。

b 自由党は、多数の農民らが立ち上がった(②)直前に解党し、立憲改進党も活動停止状態となり、自由民権運動は一時後退していった。

c 国会開設の時期が近づくと、団結して備えようという(③)がもりあがった。1887年、地租の軽減、言論・集会の自由、外交失策の回復を主張する(④)を展開し、政府を攻撃した。

d 政府は(⑤)を出して東京に集まっていた民権派を追放した。

憲法の制定

a 政府は天皇が定める(⑥)をつくるため、1882年に**伊藤博文**をヨーロッパに派遣し、(⑦)流の憲法理論を学ばせた。

b 1884年、(⑧)を定めて将来の貴族院の土台をつくり、翌年には(⑨)制度をつくって伊藤みずから初代内閣総理大臣となった。

c 憲法草案は、1886年末ころから伊藤を中心に、**井上毅**らがドイツ人顧問(⑩)の助言を得て作成した。草案は**枢密院**で審議され、1889年2月11日、(⑪)(明治憲法)が発布された。

d 行政は内閣、立法は(⑫)(**衆議院**・**貴族院**)、司法は裁判所と、三権分立体制が確立した。

e 国民は**法律の範囲内**でさまざまな自由が認められ、衆議院をつうじて国政に参加する道が開かれた。

f 天皇は元首として(⑬)権をもつほか、軍事・行政・外交などに関する(⑭)大権をにぎった。

g 衆議院議員選挙法も同時に制定された。選挙人は満(⑮)歳以上の**男性**で、直接国税(⑯)円以上を納入する者に限られたので、有権者数は全人口の約1％にすぎず、その大部分は農村の地主であった。

h 地方制度でも1888年に**市制**・**町村制**、1890年に**府県制**・**郡制**をしき、一定の地方自治を認める仕組みを固めた。

i **民法**は初めフランス系だったが、伝統的な家族道徳を破壊するとの批判がおこり、**家の制度**を存続させる内容に修正された。

初期議会

a 第1議会から第6議会までを(⑰)とよぶ。(⑰)では**民党**と政府が対立し、民党は減税を掲げ、**黒田清隆**首相は(⑱)主義を声明した。第1議会で予算案はかろうじて成立したが、以後も民党と政府の対立は続いた。

天皇の描かれ方

明治以前と比べ、天皇に求められる役割はどう変化したのだろうか。小御所(こごしょ)会議での描かれ方との相違に着目して説明してみよう。

▲**小御所会議**(島田墨仙筆「王政復古」、聖徳記念絵画館蔵)

▲**憲法発布宮中式典**(和田英作筆「憲法発布式」、聖徳記念絵画館蔵)

第13章

近代国家の展開と国際関係

1　大陸政策の展開(1)

教 p.192～194

Check

①
②
③
④
⑤
⑥
⑦
⑧
⑨
⑩
⑪
⑫
⑬
⑭
⑮

条約改正

a　不平等条約改正は、国家の独立と富国強兵をめざすうえで重要な課題であり、政府はとくに**領事裁判権の撤廃**と**関税自主権の回復**をめざした。

b　1886年にイギリス船が難破した(　①　)における領事裁判の結果は、条約改正の必要性を国民に強く認識させた。

c　(　②　)外務卿は**鹿鳴館外交**などの極端な(　③　)政策をとったが、1887年に(　④　)がおこると交渉は中止された。**大隈重信**外務大臣の交渉も政府内外の反対にあい、ふたたび中断した。

d　政府が(　③　)政策をとると、言論界には日本の民族文化を再認識すべきだとする声が上がった。**三宅雪嶺**らは民族文化を尊重せよとよびかけ、(　⑤　)主義を主張した。

e　**徳富蘇峰**は(　⑥　)主義をとなえ、一部の特権階級のためではなく、国民の生活の西欧化が必要だと主張し、議論は活発化した。

f　(　⑦　)が**ロシア**の東アジア進出を牽制するため日本に好意的になったことを背景に、相互対等の原則で改正交渉が再開されたが、1891年、(　⑧　)がおこったため、交渉はすすまなかった。

g　1894年、(　⑨　)外務大臣は**領事裁判権の撤廃**と関税自主権の一部回復、たがいの最恵国待遇を内容とする(　⑩　)条約に調印した。

h　1911年には、(　⑪　)外務大臣が**関税自主権の回復**に成功した。開国以来半世紀をへて、ようやく日本は列国と対等の条約をもった。

朝鮮をめぐる対立

a　朝鮮を開国させた日本は、さらに勢力をのばそうとし、朝鮮国内にも**親日派**が台頭してきた。

b　1882年、首都の漢城で保守的な軍隊を中心に(　⑫　)がおこり、清が事態の収拾に乗り出すと、朝鮮政府は清を頼るようになった。

c　1884年、清仏戦争を好機とみて、親日的な**金玉均**らの改革派は日本公使館の援助を得て(　⑬　)をおこしたが、失敗に終わった。

d　1885年、日清両国は(　⑭　)条約を結んだ。両国は朝鮮から撤兵し、今後朝鮮に出兵するときは、たがいにあらかじめ通知することになった。

e　清が日本の朝鮮進出をさまたげ、朝鮮政府内の親日派が追放されると、清や朝鮮に対する日本の世論は急速に悪化していった。

f　**福沢諭吉**は「(　⑮　)」を発表し、今後は東アジア問題に対しては欧米列強と同じ態度でのぞむべきであると論じた。

日本の評価の変化

列強からみた日本の評価は、いつ頃どのように変化していったのだろうか。年表や、フランス人画家のビゴーが描いた2枚の風刺画を参考に説明してみよう。

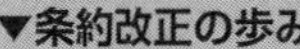

▼条約改正の歩み

1871	岩倉使節団出発
1883	鹿鳴館完成
1886	ノルマントン号事件発生
1887	三大事件建白運動
1889	大日本帝国憲法発布
1890	第1回衆議院議員総選挙、第一議会
1891	ロシアによるシベリア鉄道着工
1894	日英通商航海条約調印、日清戦争
1902	日英同盟成立
1904	日露戦争
1911	日米通商航海条約改正

▲ビゴーの風刺画(左、『トバエ』6号、1887年、川崎市市民ミュージアム蔵、右、『一八九七年の日本』1897年、日本漫画資料館蔵)

2　大陸政策の展開(2)

教 p.194～196

Check

①
②
③
④
⑤
⑥
⑦
⑧
⑨
⑩
⑪
⑫
⑬
⑭
⑮
⑯
⑰
⑱

日清戦争

a　1894年、朝鮮で(　①　)戦争(東学の乱)がおこると、清は朝鮮政府の要請を理由に出兵し、日本も通知を受けると、対抗して出兵した。

b　朝鮮の内政改革をめぐって日清両国は対立し、同年8月、日本が清に宣戦を布告して(　②　)戦争が始まった。日本は、議会での政争をやめて巨額の戦費支出を承認するなど、国をあげて戦争にのぞんだ。

c　清は近代兵器を導入していたものの、国内の軍隊を統一的に指揮し訓練する体制ができておらず、戦いは日本の勝利に終わった。

d　1895年4月、日本全権(　③　)・**陸奥宗光**と清の全権**李鴻章**は(　④　)条約に調印した。清は(1)**朝鮮の独立**を認め、(2)日本に(　⑤　)半島・**台湾**・澎湖諸島をゆずり、(3)(　⑥　)2億両を日本に支払い、(4)あらたに沙市・重慶など4港を開くことなどを約束した。

e　満洲への進出をめざしていた(　⑦　)は日本の進出を警戒し、**ドイツ・フランス**をさそって(⑤)半島を清へ返還するよう日本に勧告した。これを(　⑧　)という。

f　日本はやむなくこれをうけ入れたが、「**臥薪嘗胆**」を合言葉に(⑦)に対する敵意が高まり、日本政府は軍事力の増強につとめた。

g　こうしたなかで、国家を強くすることが必要だとする(　⑨　)主義が思想界の主流となっていった。

藩閥と政党

a　政府は議会を無視しては政治がおこなえないことを知り、政党も政権に近づくために政府と妥協しようとした。

b　1898年、**自由党**と**進歩党**の両党が合同して(　⑩　)党を結成し、衆議院に絶対多数をもった。第3次伊藤博文内閣は退陣し、(　⑪　)を首相、**板垣退助**を内務大臣とする(　⑫　)内閣が成立した。

c　(⑫)内閣は陸海軍大臣を除く全閣僚を(⑩)党員で占めた、日本最初の(　⑬　)内閣であった。

d　(　⑭　)が共和演説で文部大臣を辞任すると、後任をめぐって党内の対立が激化し、(⑫)内閣はわずか4カ月で倒れ、(⑩)党そのものも(⑩)党と憲政本党に分裂した。

e　第2次(　⑮　)内閣は、1899年、政党の影響力を制限するために**文官任用令**を改正し、翌年には(　⑯　)制を定めた。さらに(　⑰　)法を制定して、政治・労働運動の規制を強化した。

f　議会運営における政党の必要性を感じていた伊藤博文は、1900年、(⑩)党を中心に(　⑱　)を結成し、これを与党として内閣を組織した。こうして政党政治が発展する基礎ができ上がった。

読みとき

日清戦争の賠償金

日清戦争の賠償金の使い道には、どのような特徴があるのだろうか。なぜ戦後にそのような使い方をしたのだろうか。

災害準備金2.7
教育基金2.7
台湾経費3.3
皇室費用 5.5
その他2.1（製鉄所準備金など）
臨時軍事費 21.7
軍備拡張費 62.0%
賠償金 特別会計 3億6450万円

▲**日清戦争の賠償金の使途**（明治財政史編纂会編『明治財政史』より作成）

3　大陸政策の展開(3)

教 p.196〜199

Check

①
②
③
④
⑤
⑥
⑦
⑧
⑨
⑩
⑪
⑫
⑬
⑭
⑮
⑯
⑰
⑱

列強の中国進出

a　清は借入金の担保をきっかけとして、欧米列強の進出をまねいた。ロシアは(　①　)・**大連**を、ドイツは膠州湾を、イギリスは九竜半島などを租借した。日本は(　②　)省の利権の優先権を認めさせ、フランスは広州湾を租借して勢力をのばした。アメリカの国務長官ジョン＝ヘイは(　③　)宣言を発し、列強に対抗した。

b　清では**排外運動**がおこり、1900年には(　④　)が北京の列国公使館を包囲した。清政府はこの動きに同調し、列国軍隊と交戦状態に入った。これを(　⑤　)((④)戦争)とよぶ。

c　列国は連合軍を送って鎮圧し、翌年には(　⑥　)を結んで、清に巨額の賠償金支払いと外国軍隊の駐留を認めさせた。

日英同盟

a　日清戦争後、朝鮮は国号を(　⑦　)と改め、自立の動きを強めた。

b　**北清事変**後、ロシアは満洲を事実上占領し、韓国をめぐる日本とロシアの対立はさらにきびしくなった。

c　日本政府の内部には**日露協商論**と**日英同盟論**の2つの意見がうまれた。1902年、(　⑧　)内閣は(　⑨　)協約を結んで、ロシアの南下を防ごうとした。

d　日本国内では多くの新聞が開戦を主張し、政府の弱腰を攻撃し、知識人のなかにも強硬な**開戦論**を説く人びとがいた。(　⑩　)はキリスト教的人道主義の立場から、(　⑪　)らは社会主義の立場から**反戦論**を説いたが、世論の大勢はしだいに開戦論に傾いていった。

日露戦争

a　1904年2月、日本は旅順を攻撃し、ロシアに宣戦を布告して、(　⑫　)戦争が始まった。政府は巨額の外債を募集し、国内では国民も増税にたえ、また戦場に兵士を送り出した。

b　1905年初め、日本軍は旅順を占領し、3月の奉天の戦い、5月の(　⑬　)海戦に勝って、軍事上の勝敗はほぼ決まった。

c　アメリカの仲介により、日本全権(　⑭　)とロシア全権ウィッテらは(　⑮　)条約に調印した。ロシアは⑴大韓帝国に対する日本の指導権を認め、⑵旅順・大連の租借権、長春以南の鉄道と付属の利権を日本にゆずり、⑶北緯50度以南の(　⑯　)(サハリン)を日本にゆずり、⑷沿海州とカムチャツカの漁業権を日本に認めた。しかし、(　⑰　)の支払いはいっさい認めなかった。

d　日本の国民は、(⑰)がまったくとれない講和条約に不満をもち、(　⑱　)が発生した。

読みとき

２つの講和条約

下関条約とポーツマス条約の内容について、①共通点、②相違点をそれぞれ説明してみよう。

下関条約

第一条　清国ハ朝鮮国ノ完全無欠ナル独立自主ノ国タルコトヲ確認ス。

……

第二条　清国ハ左記ノ土地ノ主権並ニ該地方ニ在ル城塁、兵器製造所及官有物ヲ永遠日本国ニ割与ス

一　左ノ経界内ニ在ル奉天省南部ノ地……

二　台湾全島及其ノ付属諸島嶼

三　澎湖列島……

第四条　清国ハ軍費賠償金トシテ庫平銀二億両ヲ日本国ニ支払フヘキコトヲ約ス。……

（『日本外交文書』）

ポーツマス条約

第二条　露西亜帝国政府ハ、日本国カ韓国ニ於テ政事上、軍事上及経済上ノ卓絶ナル利益ヲ有スルコトヲ承認シ、日本帝国政府カ韓国ニ於テ必要ト認ムル指導、保護及監理ノ措置ヲ執ルニ方リ之ヲ阻礙シ又ハ之ニ干渉セサルコトヲ約ス……

第五条　露西亜帝国政府ハ、清国政府ノ承諾ヲ以テ、旅順口、大連並其ノ付近ノ領土及領水ノ租借権及該租借権ニ関連シ又ハ其ノ一部ヲ組成スル一切ノ権利、特権及譲与ヲ日本帝国政府ニ移転譲渡ス

……

第六条　露西亜帝国政府ハ、長春（寛城子）旅順口間ノ鉄道及其ノ一切ノ支線並同地方ニ於テ之ニ付属スル一切ノ権利、特権及財産及同地方ニ於テ該鉄道ニ属シ又ハ其ノ利益ノ為メニ経営セラルル一切ノ炭坑ヲ、補償ヲ受クルコトナク且清国政府ノ承諾ヲ以テ日本帝国政府ニ移転譲渡スヘキコトヲ約ス……

第九条　露西亜帝国政府ハ、薩哈嗹島南部及其ノ付近ニ於ケル一切ノ島嶼並該地方ニ於ケル一切ノ公共営造物及財産ヲ完全ナル主権ト共ニ永遠日本帝国政府ニ譲与ス、其ノ譲与地域ノ北方境界ハ北緯五十度ト定ム……

（『日本外交文書』）

4　大陸政策の展開(4)

教 p.199～200

Check

①
②
③
④
⑤
⑥
⑦
⑧
⑨
⑩
⑪
⑫
⑬
⑭
⑮
⑯
⑰

日露戦後の国際関係

a　アジアの新興国日本が大国ロシアに勝ったことは、アジアの**民族独立運動**にも大きな影響をおよぼした。(　①　)は清朝打倒をめざす中国同盟会を東京で発足させ、インドの独立運動なども活発になった。

b　日露戦争後、日本は韓国の外交権をうばい、(　②　)をおいて(　③　)が初代の統監となり、**保護国**とした。1907年、内政権もうばい、軍隊を解散させたことで日本に対する(　④　)運動が本格的にはじまった。

c　1909年に(③)が(　⑤　)によって暗殺された。翌1910年、日本は(　⑥　)条約を韓国に調印させ、首都の漢城を京城と改め、(　⑦　)をおいて**植民地支配**を始めた。

d　(⑦)は**土地調査事業**をすすめ、所有者不明とされた土地を日本人などに払い下げた。これによって朝鮮の農民が困窮し、仕事を求めて日本に移住する者が出てきた。

e　満洲では1906年、(　⑧　)を旅順におき、(　⑨　)(**満鉄**)を設立して独占的に経済進出をすすめた。またロシアとは(　⑩　)を結び、たがいの勢力範囲を定めた。

f　日本の満洲進出は**アメリカ**を刺激した。アメリカは満鉄を列国で共同経営することを提唱したが、日本が拒否したことから日米関係は悪化した。

桂園時代

a　20世紀になると、伊藤博文や山県有朋は政界の第一線をしりぞき、(　⑪　)となって大きな影響力を行使した。

b　1901年に成立した第１次(　⑫　)内閣は、日英同盟協約を実現し、日露戦争まで政権を担当し、第１次(　⑬　)内閣に交代した。

c　第１次(⑬)内閣は**鉄道国有法**を成立させたが、(　⑭　)党の結党を黙認したため、(⑪)の不評を買った。1907年には恐慌がおこって財政がゆきづまり、翌年、ふたたび(⑫)が引きついだ。

d　第２次(⑫)内閣は1908年、(　⑮　)を発布し、国民道徳の強化につとめた。また(　⑯　)運動をおこして地方社会の役割を強め、国内の安定をはかった。

e　第２次(⑫)内閣は1910年、**韓国を併合**し、翌1911年には条約改正を達成したが、国内では**大逆事件**などもおこったため、同年ふたたび(⑬)に政権をゆずった。

f　山県系の(⑫)と立憲政友会の(⑬)とが交代で政権を担当する時代が続いたため、この時期を(　⑰　)時代とよんでいる。

「鵺亀」から読みとく日韓関係

次の写真をみて、①②の問いに答えてみよう。

①鵺亀(体が亀、尾が蛇)のモデルに伊藤博文が選ばれたのはなぜだろうか。甲羅の文字に着目して説明してみよう。

②「鵺亀」は何を風刺しているか、鵺亀の尾や前足に着目して説明してみよう。なお、前足に抱えられている子どもは右の写真で伊藤とともに写っている韓国皇太子である。

▲「鵺亀」
(『東京パック』〈1908年11月1日〉所収)

▲伊藤博文と韓国皇太子

5　第一次世界大戦と日本

教 p.201～205

Check

①
②
③
④
⑤
⑥
⑦
⑧
⑨
⑩
⑪
⑫
⑬
⑭
⑮
⑯
⑰
⑱
⑲

大正政変

a　陸軍は2**個師団増設**を計画したが、第2次西園寺内閣は財政上の理由から拒否した。陸軍は反発し、内閣は総辞職に追いこまれた。

b　次に桂太郎が組閣したが、立憲政友会の(　①　)や立憲国民党の(　②　)を中心に批判が高まり、「閥族打破・憲政擁護」を掲げて内閣打倒の国民運動をおこした。これを(　③　)とよぶ。

c　桂は在職わずか50日余りで退陣した。これを(　④　)とよぶ。

d　第1次(　⑤　)内閣は**文官任用令**や(　⑥　)制を改めて、官僚・軍部に対する政党の影響力の拡大につとめたが、海軍高官の汚職事件である(　⑦　)をきっかけに総辞職した。

e　第2次(　⑧　)内閣は陸軍の2個師団増設案を成立させた。

第一次世界大戦

a　20世紀初頭のヨーロッパでは、独墺伊の**三国同盟**と、英仏露の**三国協商**が成立した。1914年、三国協商の**連合国**と、独を中心とする**同盟国**のあいだで(　⑨　)が始まった。

b　4年余りにわたった大戦は**総力戦**となった。戦争が長期化するなか、**ロシア革命**が発生し、世界最初の社会主義国家が誕生した。

日本の参戦

a　第2次大隈重信内閣は**日英同盟協約**を理由に連合国側にたって参戦し、中国や南洋諸島のドイツ**権益**を接収した。

b　中国では1911年、**辛亥革命**がおこり、翌年に**中華民国**が成立した。1915年、加藤高明外務大臣は**袁世凱**政府に対し(　⑩　)をつきつけた。また、米英仏日は社会主義国家の誕生をおそれ、(　⑪　)をおこなった。

民本主義と政党内閣の成立

a　吉野作造は(　⑫　)主義をとなえ、普通選挙制度にもとづく政党政治の実現を求めた。民衆の政治への関心も高まり、政党の力がいちだんと強まった。この風潮を(　⑬　)とよぶ。

b　1918年、**シベリア出兵**の影響で米の安売りなどを求める(　⑭　)が発生した。(　⑮　)首相はこれを軍隊で鎮圧し、責任をとって総辞職した。

c　立憲政友会総裁(　⑯　)は**本格的な政党内閣**を組織し、積極政策を推進した。選挙権の納税資格を(　⑰　)円以上に引き下げ、小選挙区制を導入したが、当時の政治に反感をもつ一青年によって暗殺された。

d　(　⑱　)が後継内閣を組織したが短命に終わり、海軍大将(　⑲　)が内閣を組織すると、その後3代の非政党内閣が続いた。

民本主義

次の史料を読んで、①②の問いに答えてみよう。

①民本主義という用語が登場する以前に使用されていた用語を、文中から3つ探してみよう。

②吉野作造が①の用語ではなく民本主義を使用したのはなぜか、当時の主権のあり方に着目して説明してみよう。

民本主義

民本主義といふ文字は、日本語としては極めて新らしい用例である。従来は民主々義といふ語を以て普通に唱へられて居ったやうだ。時としては又民衆主義とか、平民主義とか呼ばれたこともある。然し民主々義といへば、社会民主党など、いふ場合に於けるが如く、「国家の主権は人民にあり」といふ危険なる学説と混同され易い。……我々が視て以て憲政の根柢と為すところのものは、政治上一般民衆を重んじ、其間に貴賤上下の別を立てず、而かも国体の君主制たると共和制たるとを問はず、普く通用する所の主義たるが故に、民本主義といふ比較的新しい用語が一番適当であるかと思ふ。

(『中央公論』一九一六年一月号)

6　ワシントン体制(1)

教 p.206~208

Check

①

②

③

④

⑤

⑥

⑦

⑧

⑨

⑩

⑪

⑫

⑬

⑭

パリ講和会議

a　1919年、第一次世界大戦の戦後処理をするため(　①　)が開かれ、(　②　)条約が調印された。原敬内閣は日本全権として**西園寺公望**らを派遣した。**ヨーロッパ**を中心に(　③　)とよばれる国際秩序ができあがった。

b　アメリカ大統領**ウィルソン**の提唱により(　④　)が設立され、日本は常任理事国となった。

c　日本は(①)で、山東省の旧ドイツ権益の継承を要求し、中国の反対を推し切って認めさせた。中国では(　⑤　)運動とよばれる国民運動がおきた。朝鮮でも(　⑥　)運動が発生したため、日本は植民地統治方針について若干の改善をおこなった。

ワシントン体制

a　アメリカは海軍軍備制限と太平洋および極東問題などを審議するため、1921年、(　⑦　)を開いた。原内閣は日本全権として**加藤友三郎**らを派遣した。会議では、3つの条約があらたに結ばれた。

b　第1は、1921年の米英日仏による(　⑧　)条約で、太平洋の諸島に関する各国勢力の現状維持が確認され、**日英同盟協約の終了**が同意された。

c　第2は、翌年の(　⑨　)条約で、中国の領土と主権の尊重、中国における各国の経済上の機会均等などが約束された。また、日本は山東半島の権益を中国に返還した。

d　第3は、米英日仏伊による(　⑩　)条約で、主力艦保有量比率を制限し、今後10年間の建造を禁止した。

e　**ワシントン会議**によって、日本が大戦中から太平洋・東アジア地域において勢力を拡大する行動に歯止めがかけられることになり、**東アジア**における新しい国際秩序ができあがった。これを(　⑪　)とよぶ。

協調外交の展開

a　1924年、外務大臣(　⑫　)は、アメリカとの協調関係を維持するとともに、中国に対しては武力ではなく、外交交渉により日本の経済的権益をまもろうとした。この方針による外交を(　⑬　)とよぶ。

b　1925年、(　⑭　)条約を結び、ソ連との国交を樹立した。

c　海軍の軍備制限につづいて、陸軍においても軍縮と軍装備の近代化がすすめられた。

軍縮の時代

次のグラフ・表をみて、①②の問いに答えてみよう。

①第一次世界大戦終結後に軍事費の比率が低い期間が継続している理由について、表を参考にして説明してみよう。

②軍縮がおよぼした影響について、⑴軍人自身の反応、⑵国民の軍に対する反応をそれぞれ予想し、⑶その後の歴史の流れに対する影響について、仮説を立ててみよう。

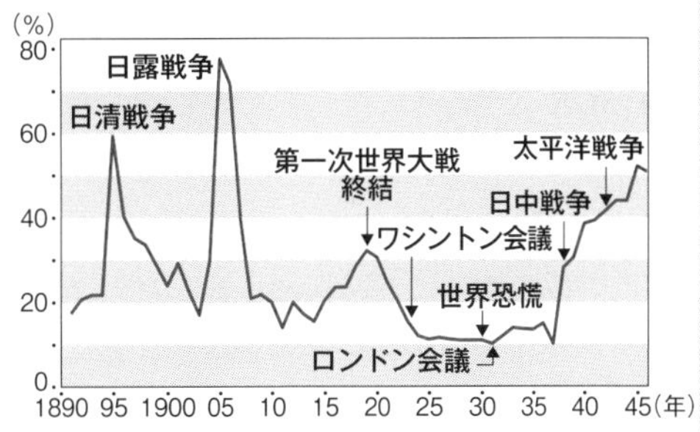

▲財政支出における軍事費の比率の推移（『長期経済統計7 財政支出』より作成）

▼おもな国際条約　条約名欄の（　）は調印の年月、＊印は決裂

条約名	参加国	内容その他
ヴェルサイユ条約(1919.6)	27カ国	第一次世界大戦後の処理。国際連盟成立(1920)
ワシントン会議　四カ国条約(1921.12)	米・英・日・仏	太平洋の平和に関する条約。これにより日英同盟協約が終了
ワシントン会議　九カ国条約(1922.2)	米・英・日・仏・伊・ベルギー・ポルトガル・オランダ・中国	中国問題に関する条約(中国の主権尊重、門戸開放、機会均等)。この条約に関連して、山東懸案解決条約で山東半島における旧ドイツ権益を返還
ワシントン会議　海軍軍備制限条約(1922.2)	米・英・日・仏・伊	主力艦保有量の制限。今後10年間、主力艦の建造禁止
＊ジュネーヴ会議(1927.6)	米・英・日	米・英・日の補助艦の制限
不戦条約(パリ)(1928.8)	15カ国	戦争放棄
ロンドン海軍軍備制限条約(1930.4)	米・英・日・仏・伊	主力艦の保有制限および建造禁止を1936年まで延長。米・英・日の補助艦保有量の制限

7　ワシントン体制(2)

教 p.208〜211

Check

①

②

③

④

⑤

⑥

⑦

⑧

⑨

⑩

⑪

⑫

⑬

⑭

⑮

⑯

⑰

⑱

不況と震災

a　第一次世界大戦が終結してヨーロッパ諸国の復興がすすんでくると、日本の貿易は輸入超過となり、(　①　)が発生した。

b　1923年、(　②　)がおこり、日本の中枢部に壊滅的打撃をあたえた。多くの企業が倒産し、経済的にも大きな打撃をこうむった。

社会運動の勃興

a　1901年、最初の社会主義政党である(　③　)党が結成されたが、治安警察法によって結成直後に禁止された。

b　日露戦争に際し、(　④　)らは『**平民新聞**』を発行して、社会主義の立場から反戦論を展開した。

c　1910年、(④)らが天皇の暗殺をくわだてたとして処刑される(　⑤　)がおこった。政府は警視庁内に(　⑥　)(**特高**)をおき、社会主義運動をきびしく取り締まった。

d　1922年には(　⑦　)党が非合法のうちに結成された。また普通選挙制度が実現すると、(　⑧　)党が合法的に結成された。

e　女性解放運動は**平塚らいてう**らによって結成された(　⑨　)に始まった。1920年に設立された(　⑩　)は、参政権を要求するなど、女性の地位を高める運動を展開した。

f　部落解放運動では、1922年に(　⑪　)が結成された。

護憲三派内閣

a　1924年、貴族院の勢力による(　⑫　)内閣が成立すると、**立憲政友会**・**憲政会**・**革新倶楽部**の**護憲三派**が超然内閣の打倒と政党内閣の樹立をめざす(　⑬　)をおこした。

b　(⑫)内閣は議会を解散して総選挙にのぞんだが、護憲三派が圧勝し、(　⑭　)が護憲三派による連立内閣を組織した。

c　(⑭)内閣は**幣原喜重郎**外務大臣による協調外交と軍縮を推進し、1925年に(　⑮　)法を成立させた。納税額にかかわりなく満25歳以上の男性は衆議院議員の選挙権をもつこととなった。

d　同時期に制定された(　⑯　)法は、「国体」の変革や私有財産制度の否認を目的とする運動を取り締まるための法律であり、共産主義思想の波及を防ぐことなどもねらいとしていた。

e　(⑭)内閣が成立し、1932年の五・一五事件で(　⑰　)内閣が倒れるまでの約8年間は、**憲政会**(のち**立憲民政党**)と**立憲政友会**との2大政党が交代で政権を担当した。衆議院に基盤をもつ政党が交代で内閣を組織することは「(　⑱　)」とみなされた。

普通選挙法と治安維持法

普通選挙法と同時に治安維持法が制定されたのはなぜか、「第五〇議会における衆議院議員星島二郎の反対演説」を参考にして説明してみよう。

普通選挙法

第五条　帝国臣民タル男子ニシテ年齢満二十五年以上ノ者ハ選挙権ヲ有ス。帝国臣民タル男子ニシテ年齢満三十年以上ノ者ハ被選挙権ヲ有ス。

（『法令全書』）

治安維持法

第一条　国体ヲ変革シ又ハ私有財産制度ヲ否認スルコトヲ目的トシテ結社ヲ組織シ又ハ情ヲ知リテ之ニ加入シタル者ハ十年以下ノ懲役又ハ禁錮ニ処ス。

（『官報』）

第五〇議会における衆議院議員星島二郎の反対演説

諸君、我々は……普通選挙を断行せんとし、貴族院改革を致さんとする現政府を支持致している一人であります。然るにその与党に属する私どもが突如この法案に、しかも反対の意思を以て質疑しなければならぬ……この法案（治安維持法）の一条で以て、日本の大部分の結社を踏みつぶすことができる。もし普通選挙がしかれた後におきまして、無産政党ができるならば、これを解散し、これをふん縛ることもできる……

（『衆議院議事速記録』）

第14章

近代の産業と生活

1 近代産業の発展(1)

教 p.212〜214

Check

①

②

③

④

⑤

⑥

⑦

⑧

⑨

⑩

⑪

⑫

⑬

⑭

⑮

⑯

通貨と銀行

a 1872年、(①)が中心となって**国立銀行条例**を定めた。各地に国立銀行が設立され、不換紙幣を大量に発行したことから、1870年代の末にはインフレーションがおこった。

b 1881年、大蔵卿(②)は増税で歳入をふやす一方、政府の歳出を徹底的に減らし、不換紙幣を処分するデフレーション政策をすすめ、金・銀貨を蓄積していった。これを(③)とよぶ。

c 政府は1882年に(④)を設立し、紙幣発行権を一本化した。1885年から銀貨と交換できる紙幣を発行し、(⑤)制が成立した。

産業革命

a 1880年代前半に一時は深刻な不況におちいったが、貿易が輸出超過に転じ、**銀本位制**が確立すると、物価は安定していった。

b (⑥)は、軍事工場を除き特定の**政商**たちに安い価格で払い下げる方針をとり、民間における近代産業の発展をうながした。

c 鉄道や紡績を中心に**株式会社**をつくろうとするブームもおこり、機械技術を活用する(⑦)が始まった。

d 日本の(⑦)は、**軽工業**を中心として展開した。

e 生糸を生産する(⑧)業では、農村各地に人力の(⑨)製糸が広まっていたが、やがて群馬県の(⑩)などに輸入された技術を参考にして、水力や蒸気力をもちいた(⑪)製糸の小規模な工場が各地につくられるようになった。

f 日清戦争後には、(⑪)製糸の生産量が(⑨)製糸を上まわった。生糸は開港直後から**欧米諸国**に輸出され、その輸出額は日本の総輸出額の30%前後を占めた。

g 綿糸を生産する(⑫)業は、安い輸入綿糸・綿織物におされていた。1883年にイギリス製の(⑫)機や蒸気機関を本格的に導入した(⑬)が開業した。

h 大規模な機械紡績工場がつくられるようになると、輸入綿花を原料とした綿糸の生産がふえていき、1897年には綿糸輸出量が輸入量を上まわるまでになった。輸出相手国はおもに(⑭)・**韓国**であった。

i 農村では手織機の改良がすすみ、綿織物生産も発達した。のちに**豊田佐吉**の考案した国産の(⑮)が各地に広まった。

j 政府は日清戦争で得た賠償金を準備金として、1897年に(⑯)制を確立し、貨幣価値をさらに安定させて外資の導入をはかった。

読みとき

綿糸の生産と輸出入の変遷

次のグラフをみて、綿糸の生産量・輸入量・輸出量の関係について、日本の産業革命(かくめい)の流れをふまえて説明してみよう。

▲**綿糸の生産と輸出入の変遷**(飯島幡司『日本紡績史』より作成)

2　近代産業の発展(2)　　教 p.214〜217

Check

①
②
③
④
⑤
⑥
⑦
⑧
⑨
⑩
⑪
⑫
⑬
⑭
⑮
⑯
⑰

重工業のめばえ

a　日清戦争後、官営の(　①　)が建設され、鉄鋼生産が始まった。

b　(　②　)の技術は日露戦争後には世界的な水準に達した。

c　1906年に(　③　)法を公布し、主要幹線はすべて国有とした。

d　(　④　)発電が本格的に始まり、大都市に電灯が普及していった。

e　製糸業では1909年に(　⑤　)輸出量が清をぬき世界第1位に達した。紡績業では大会社が綿織物業にも進出し、清・韓国へ綿布を輸出した。

f　輸出がさかんになっても、貿易収支は輸入超過が続いた。

財閥の成立

a　20世紀の初めに、日本は産業革命を達成した。政商や鉱山業で富を得た者は、一族で多くの企業を支配する(　⑥　)に成長していった。

b　(⑥)は多くの部門にわたり株式を所有することで会社を支配する**持株会社**をつくり、(　⑦　)の形をととのえていった。

c　(　⑧　)は江戸時代以来の豪商で、明治時代に銀行や商社をつくり官営事業の払下げをうけて発展した。(　⑨　)は**岩崎弥太郎**が海運業で成功し、官営事業の払下げをうけて、鉱山・造船業でも成長した。

農村の変化

a　明治時代の農業は発展がゆるやかで、米作を主とする小規模な経営が中心であった。肥料や品種の改良で生産性は高まっていった。

b　生糸輸出の増加を反映して、桑の栽培や養蚕は好調であった。反面、安価な輸入品におされて(　⑩　)の栽培は衰えた。

c　農村では、自作農が不況や不作で**小作農**に没落する一方、土地を集めてその小作料を得て生活し、耕作から離れる(　⑪　)がふえた。

d　明治末の小作地率は45%をこえ、貧しい農民は子女を出稼ぎに出した。

労働運動の展開

a　日清戦争前後、待遇改善を求める労働者のストライキがおこり、1897年に**高野房太郎**らが(　⑫　)を結成した。

b　政府は1900年に(　⑬　)法を制定し、きびしい規制を加えた。

c　1911年に(　⑭　)法が制定されたが、内容は不徹底であったうえ、施行は5年後からであった。

d　1891年、足尾銅山から流れ出た鉱毒が、渡良瀬川流域の農・漁業民に深刻な被害をあたえた(　⑮　)が社会問題になった。

e　1912年に結成された**友愛会**は、1921年に(　⑯　)と改め、経営者側との対決姿勢を強めて、**労働争議**を指導するようになった。

f　小作料引下げを求める**小作争議**が頻発し、(　⑰　)が結成された。

読みとき

産業構造の変化

1885〜1913年のあいだに、日本の産業構造はどう変化したのだろうか。輸出入品目の順位や割合などに着目して説明してみよう。

▲品目別の輸出入の割合（東洋経済新報社編『日本貿易精覧』より作成）

3　近代の文化　教 p.218〜223

Check

①
②
③
④
⑤
⑥
⑦
⑧
⑨
⑩
⑪
⑫
⑬
⑭
⑮
⑯
⑰
⑱

明治の文化

a　西洋文化と伝統的文化の接触により新しい文化が生み出され、国民的な広がりをみせた。思想・信教などでは**国家主義**的な性格もあらわれた。

教育の普及／近代化と学問

a　(　①　)によって全国的に小学校の設置がすすみ、1886年の(　②　)で学校体系が整備された。義務教育は4年から6年に延長された。

b　1890年に(　③　)が発布され、忠君愛国の道徳が強調された。1903年には**国定教科書制度**が始まった。

c　(　④　)の**慶応義塾**、(　⑤　)の**東京専門学校**、(　⑥　)の**女子英学塾**など、私学の設立もさかんになった。

d　(　⑦　)の細菌学など、世界的水準の研究が生み出された。

近代文学

a　**坪内逍遙**は『小説神髄』で(　⑧　)主義をとなえ、二葉亭四迷は(　⑨　)体で『浮雲』を書いた。

b　日清戦争前後に(　⑩　)主義がさかんになり、**森鷗外**の小説などが発表された。**正岡子規**は俳句の革新につとめた。

c　日露戦争前後に(　⑪　)主義が流行したが、明治末期には**夏目漱石**ら反(⑪)主義もあらわれた。

明治の芸術

a　美術では、(　⑫　)や**岡倉天心**を中心に伝統美術を復興する動きがおこった。天心は(　⑬　)や日本美術院を設立した。

b　西洋画では、印象派の画風をもたらした(　⑭　)らが活躍した。

c　建築では、本格的な西洋建築がたてられるようになり、明治時代の終わりころには、**鉄筋コンクリート**を使用した建物もつくられ始めた。

d　演劇では歌舞伎が引き続き民衆に親しまれた。日清戦争前後には(　⑮　)がうまれ、日露戦争後には(　⑯　)の活動が広がった。

e　音楽では軍隊で西洋音楽が輸入され、**唱歌**が小学校教育に取り入れられた。(　⑰　)が設立され、**滝廉太郎**らの作曲家が活躍した。

明治時代の生活文化

a　都市では(　⑱　)が普及し、鉄道・鉄道馬車・路面電車が開通したが、衣食住は伝統的な様式のままのものが多かった。農村部でも、日常の生活様式にはあまり変化はなかった。

学校教育の普及

近代の学校教育は何を目標として、どのように展開したのだろうか。次の年表・グラフを参考にして、説明してみよう。

▼学校教育の展開

1872	学制発布（義務教育４年）
1879	教育令公布（就学義務16カ月）
1880	改正教育令公布
1886	学校令公布（義務教育３～４年）
1890	教育勅語発布、義務教育３～４年を明確化
1900	義務教育期間の授業料廃止
1903	国定教科書制度の導入
1907	義務教育６年に延長

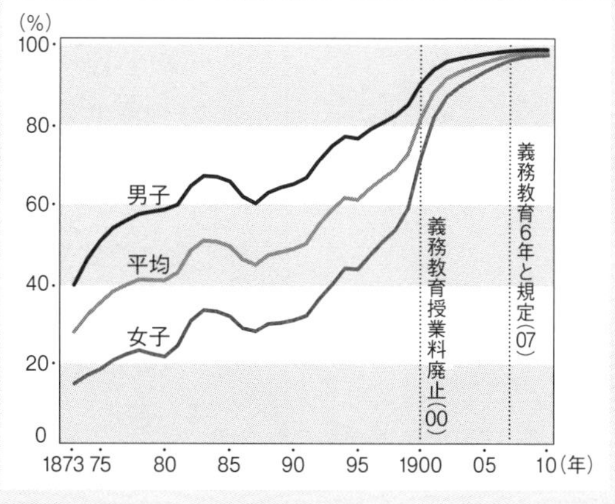

▲義務教育における就学率の向上（文部省『学制百年史』より作成）

4　市民生活の変容と大衆文化　㊙ p.223〜227

Check

①

②

③

④

⑤

⑥

⑦

⑧

⑨

⑩

⑪

⑫

⑬

⑭

⑮

⑯

⑰

⑱

⑲

大戦景気

a　第一次世界大戦により日本は(　①　)にわいた。造船・海運業では(　②　)がうまれ、化学工業は大きく成長した。電力業では大規模な水力発電事業が展開され、工業動力も蒸気力から電力へ転換した。

b　(①)の底は浅く、多数の民衆は物価の高騰に苦しんだ。

都市化と市民生活

a　大正から昭和初期にかけて**都市化**と(　③　)が急速にすすんだ。工業の発展は人口の都市集中を招き、生活様式は大きくかわった。

b　都心部から郊外へのびる鉄道沿線には、和洋折衷の(　④　)がたてられた。私鉄は**ターミナルデパート**を開業した。

c　都市部では市電や乗合自動車(バス)、地下鉄などが発達した。

d　(　⑤　)とよばれる女性がふえ、銀座などを洋装で歩く若者は**モダンボーイ・モダンガール**とよばれた。食生活では洋食が普及した。

e　都市と農村、大企業と中小企業の格差が問題となっていった。

大衆文化の成立

a　新聞・雑誌・ラジオ・映画などの(　⑥　)が急速に発達し、一般勤労者を担い手とする(　⑦　)が誕生した。

b　新聞・雑誌の発行部数は飛躍的にのび、週刊誌の刊行も始まった。さらに1冊1円の「(　⑧　)」など、低価格の出版物もあらわれた。

c　ラジオ放送は1925年に開始され、翌年には**日本放送協会**(NHK)が設立された。映画は当初は無声映画であったが、1930年代に入ると(　⑨　)とよばれた有声映画が始まった。

大正・昭和初期の学問と芸術

a　人文・社会科学では、独自の哲学体系を打ちたてた(　⑩　)、天皇機関説をとなえた(　⑪　)、民俗学を確立した(　⑫　)らが出た。また、**マルクス主義**が知識人層に強い影響をあたえた。

b　自然科学では、黄熱病研究の(　⑬　)らが、世界的な名声を得た。

c　文学では、(　⑭　)派の永井荷風、(　⑮　)派の芥川龍之介、人道主義を特色とする(　⑯　)派の作家たち、(　⑰　)派の川端康成、大衆小説の中里介山らが多くの読者を獲得した。(　⑱　)文学運動も大正末期におこり、小林多喜二らが活躍した。

d　演劇では小山内薫らの**築地小劇場**が新劇の中心となり、音楽では**山田耕筰**が交響曲の作曲・演奏に取り組んだ。西洋画では**岸田劉生**らが活躍し、日本画では(　⑲　)らが日本美術院を再興した。建築ではライトが旧帝国ホテルを設計し、彫刻では**高村光太郎**が「手」を制作した。

マス＝メディアの発達

新聞の発達の背景には何があったのだろうか。政治的・経済的・社会(とくに教育分野)的理由に着目して論述してみよう。

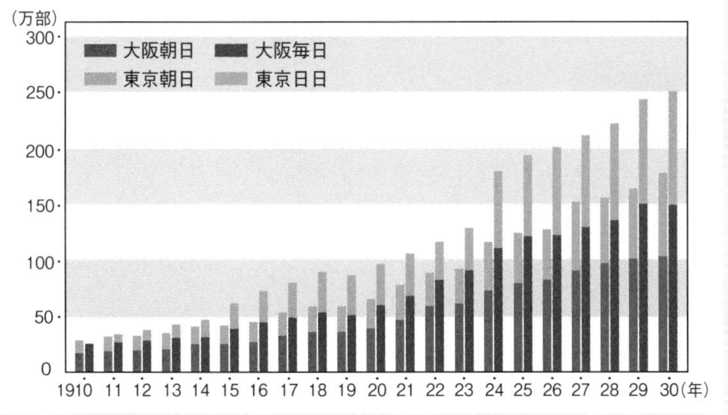

▲**新聞の発行部数の拡大**(『朝日新聞社史』『毎日新聞販売史』より作成)

第15章

恐慌と第二次世界大戦

1 恐慌の時代(1)

教 p.228〜229

金融恐慌

a 1920年に**戦後恐慌**、1923年には(　①　)がおこって、日本経済は大きな打撃をうけ慢性的な不況が続いていた。

b 1927年、議会での片岡直温大蔵大臣の失言をきっかけに、銀行に預金者が殺到する取付け騒ぎがおこり、多くの銀行が休業に追いこまれる事態となった。これを(　②　)という。

c この混乱のなかで憲政会の(　③　)内閣は倒れた。背景には、この内閣の外交姿勢を軟弱と批判する勢力による倒閣運動があった。

d あとをついだ(　④　)会の(　⑤　)内閣は、**高橋是清**大蔵大臣のもとで、3週間の(　⑥　)(**支払猶予令**)を発した。その間に日本銀行からの非常貸出をおこなって、(②)はしずまった。

e (②)で多くの中小銀行が倒れ、三井・三菱・住友・安田・第一の**5大銀行**が支配的な地位を占めるようになった。大銀行を中心とする大財閥は、経済界を支配するとともに、政治への発言権を増していった。

内外政策の転換

a 1926年12月、大正天皇が亡くなり、昭和天皇が即位して、**昭和**と改元された。

b 田中義一内閣のもとで、1928年、最初の男性普通選挙が実施された。このとき、(　⑦　)党が公然と活動を始めたので、(　⑧　)事件とよばれる共産党員の大検挙をおこなうとともに、**治安維持法を改正**して、最高刑を死刑・無期懲役とした。

c 田中義一内閣は、中国に対しては、それまでの協調外交にかわる**積極外交**を展開した。1926年7月、孫文のあとをついだ(　⑨　)が、国民革命軍をひきいて北方軍閥を倒す(　⑩　)を開始していた。

d 田中義一内閣は、**東方会議**を開き、満洲における日本の権益を実力で守る方針を決めた。そして、日本人居留民保護を名目として、3次にわたる(　⑪　)をおこなった。

e 日本は、(⑨)と対立していた満洲軍閥の(　⑫　)を支援して、それまでの満洲における権益をまもろうとした。しかし(⑫)が国民革命軍に敗北すると、(　⑬　)の一部は満洲を直接支配しようとして、張の乗った列車を奉天郊外で爆破した。これを(　⑭　)事件という。

f 当時、この事件の真相は国民には知らされず、(　⑮　)事件とよばれた。田中義一首相は、この問題の処理をめぐって昭和天皇の不興をかい、退陣した。

Check

①

②

③

④

⑤

⑥

⑦

⑧

⑨

⑩

⑪

⑫

⑬

⑭

⑮

北伐と日本

次の図をみて、軍閥の位置や北伐の進路が、日本にどのような影響をあたえたか、①〜③にふれながら説明してみよう。

①北伐を始めた蔣介石の進路は、どこへ向かっているのだろうか。
②中国における日本の権益はどの地域にあるのだろうか。
③軍閥の張作霖の位置は、日本にとってどのような意味があるのだろうか。

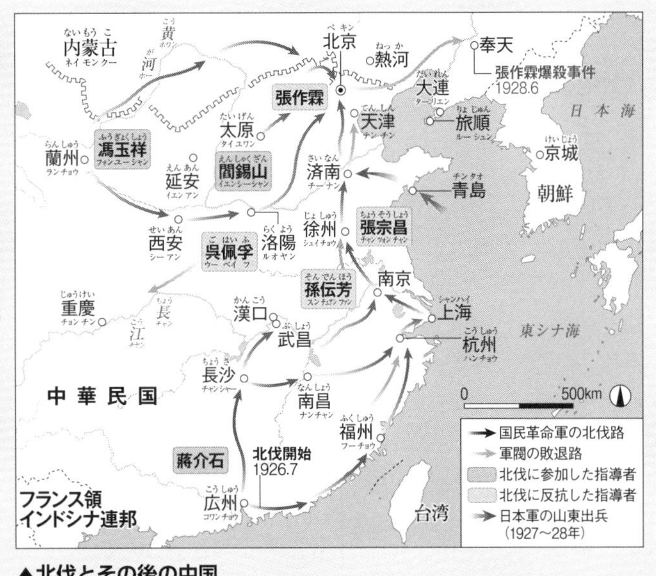

▲北伐とその後の中国

2　恐慌の時代(2)

教 p.230〜231

Check

①

②

③

④

⑤

⑥

⑦

⑧

⑨

⑩

⑪

⑫

⑬

⑭

⑮

昭和恐慌

a　田中義一内閣にかわって1929年に成立した**立憲民政党**の(　①　)内閣は、大蔵大臣に(　②　)を起用し、緊縮財政によって物価を引き下げ、産業を合理化して企業の国際競争力を高めようとした。そのうえで、1930年１月、(　③　)を断行した。

b　しかし前年の10月、(　④　)で始まった恐慌は(　⑤　)へと拡大したため、日本の(③)は嵐のなかで雨戸を開くような結果となった。金が国外へ流出し、企業の倒産があいつぎ、失業者がふえて深刻な恐慌となった。これを(　⑥　)とよぶ。

c　この事態に対し、政府は1931年、(　⑦　)法を制定して、指定産業での**カルテル**の助成をはかった。

d　恐慌で農産物の価格が下落し、とくにアメリカ向け(　⑧　)の輸出不振から、繭の価格が大きく下がり、農村は壊滅的な打撃をうけた。しかも1930年は豊作で米価が下落し、いわゆる豊作飢饉がおこった。翌年には、一転して東北地方を深刻な冷害がおそい、**欠食児童**や**子女の身売り**も続出した。これを**農業恐慌**という。

e　このような情勢のなかで、労働争議・小作争議が増加した。同時に、金輸出再禁止を予期して円売り・ドル買いを進めた財閥を攻撃する声が高まっていった。

ロンドン条約問題

a　浜口雄幸内閣は(　⑨　)外交の方針を復活させるため、外務大臣に(　⑩　)を起用した。

b　1930年、**ロンドン会議**の結果、(　⑪　)の総比率について、ほぼ対英米(　⑫　)割にすることで(　⑬　)条約が調印された。

c　しかし海軍軍令部や野党などは、政府が軍令部の反対を推し切って兵力量を決定したのは、天皇大権の１つである(　⑭　)権をおかすものであると、激しく政府を攻撃した。これを(　⑮　)問題という。

d　政府は条約を批准したが、経済政策の失敗もあって、浜口雄幸首相は1930年、国家主義者に狙撃されて重傷を負い、翌年に死亡した。

昭和恐慌と財閥

次のグラフは、国内の業種ごとに、どのような企業に資本金が集中しているかを割合で示したものである。昭和恐慌下の日本の産業界には、どのような特徴がみられるか、①〜④にふれながら説明してみよう。

①それぞれの業種のなかで、財閥系の企業がどれくらいの割合を占めているのだろうか。
②財閥系の企業への集中が、特に顕著な業種はどれだろうか。
③日本の産業界における財閥、特に3大財閥の影響力はどれほどのものであったと考えられるのだろうか。
④グラフに示されているような状況と、昭和恐慌にはどのような関連があったのだろうか。

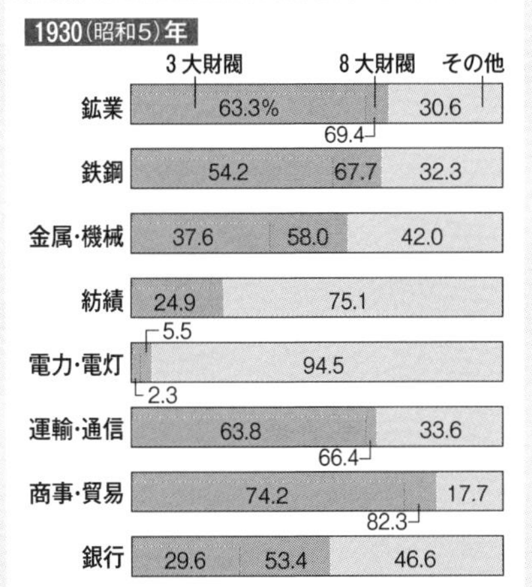

▲**業種別払込資本金の財閥への集中**(柴垣和夫『三井・三菱の百年』より作成)

3 軍部の台頭(1)

教 p.232〜234

Check

①

②

③

④

⑤

⑥

⑦

⑧

⑨

⑩

⑪

⑫

⑬

⑭

⑮

満洲事変

a 1928年、(①)が国民政府への帰属を表明し、**北伐は終了**した。国民政府は日本の満洲における権益の奪還を宣言し、民族運動が高揚した。この動きに危機感を深めた(②)は、満洲を中国の主権から切り離し、日本の勢力下におこうとした。

b 1931年、(②)参謀の石原莞爾を中心に、奉天郊外の(③)で南満洲鉄道の線路を爆破し(**柳条湖事件**)、これを中国軍のしわざとして軍事行動を開始し、(④)が始まった。

c 日本政府は不拡大方針を表明したが、戦線は拡大され、事態の収拾に苦慮した第2次(⑤)内閣は総辞職し、**立憲政友会**の(⑥)が内閣を組織した。

d 1932年、(②)は清朝最後の皇帝であった(⑦)を執政にむかえ、(⑧)を建国した。

e 中国は、(②)や日本人が実権をにぎっている(⑧)の存在を認めず、国際連盟は(⑨)を団長とする調査団を派遣した。

政党内閣の崩壊

a 1930年代、財閥や政党などの恐慌への対応に不満がある、軍部の青年将校や国家主義者らを中心に、**国家改造運動**が活発になった。

b 1932年、右翼の**血盟団**員による政財界要人への暗殺事件がおこり、5月には海軍青年将校らによって犬養毅首相が暗殺される(⑩)事件がおこった。元老は、後継首相に政党関係者を推薦せず、ここに8年間続いた「(⑪)」は断絶し、第二次世界大戦後まで復活しなかった。

国際連盟脱退

a 1932年、(⑫)内閣は(⑬)を結んで満洲国を正式に承認した。しかし、**リットン調査団**の報告書は、満洲国は自発的な民族運動によって成立したものではないとした。

b 1933年、国際連盟臨時総会にて、関東軍の満鉄付属地への撤収などの勧告案が可決され、(⑭)ら日本全権団は議場から退場し、翌月、**国際連盟からの脱退**を通告した。日本は国際的に孤立を深めた。

c (⑮)が結ばれると、満洲事変は収束し、日本は満洲の経営に乗り出し、溥儀を皇帝とする帝政に移行させた。

日本の国際連盟脱退

右の新聞をみて、国際連盟の脱退についてどのような論調で報じているか、①～④にふれながら説明してみよう。

①大見出しなど、読める大きな文字を書き出してみよう。
②日本全権団の行動を、具体的にどのような言葉で表現しているのだろうか。
③この新聞記事は、国際連盟脱退を好意的か否定的か、どちら側にとらえているのだろうか。
④この新聞記事は、読者に対してどのようなことを訴えているのだろうか。

聯盟よさらば！遂に協力の方途盡く

總會、勸告書を採擇し
我が代表堂々退場す
四十二對一票、棄權一

支那側勸告受諾
第六項の權利强調

けふ閣議で正式に
脱退方針を決定
聯盟離脱の最終手續

▲**国際連盟臨時総会のようすを伝える新聞記事**（『東京朝日新聞』1933〈昭和8〉年2月25日）

4　軍部の台頭(2)

教 p.234～236

Check

①

②

③

④

⑤

⑥

⑦

⑧

⑨

⑩

⑪

⑫

⑬

重化学工業の発展

a　1931年末に成立した(　①　)内閣の大蔵大臣(　②　)は、ただちに**金輸出の再禁止**を断行し、円と金の交換を停止して、事実上の(　③　)制度へ移行した。

b　これにより**円安**がすすみ、低価格となった日本製品の輸出が促進され、とくに綿織物の輸出額はイギリスにかわって世界一となった。しかし、このことが貿易摩擦をうみ、各国は日本に対して対抗措置をとった。

c　(②)大蔵大臣が赤字国債を発行して財政をふくらませたことで、軍需産業をはじめとして産業界は活気づき、1933年には工業生産額が恐慌以前の水準に回復した。

d　重化学工業の発展はめざましく、**日産**・**日窒**などの(　④　)が台頭して、満洲・朝鮮へ進出していった。

国家主義の台頭

a　満洲事変と景気回復のなかで、国内の思想・言論は急速に**国家主義**へ傾き、自由主義・民主主義的な思想・学問への抑圧が強まった。

b　1935年、(　⑤　)説事件がおこり、(　⑥　)がとなえ、広く認められてきたこの学説も攻撃を受け、(　⑦　)内閣は(　⑧　)を出して(⑤)説を否定し、(⑥)の著作は発禁となった。

c　思想・言論への取締りも強化され、マルクス主義の思想的影響は衰え、プロレタリア文学は壊滅的な状況となった。

二・二六事件

a　満洲事変以降、陸軍内部では、天皇中心に直接行動による国家改造を説く(　⑨　)派と、軍の統制を保ち、官僚・財界とも結んで**高度国防国家**をめざす(　⑩　)派とが対立していた。

b　1936年2月、(　⑪　)の思想的影響を受けた(⑨)派の一部青年将校らが兵をひきいて首相官邸など政府中枢を攻撃し、斎藤実内大臣や高橋是清大蔵大臣らを殺害した。これを(　⑫　)事件という。

c　東京には戒厳令が出され、クーデタは鎮圧されたが、(⑩)派が(⑨)派を排除して、陸軍内の主導権を確立した。

d　岡田啓介内閣にかわった(　⑬　)内閣に対して、軍部は圧力をかけ、**軍部大臣現役武官制**を復活させた。

重化学工業の発展

次のグラフをみて、重化学工業の発展の背景を、①〜④にふれながら説明してみよう。

①それぞれの年の工業生産額の総額に着目して、その変化を確認してみよう。
②グラフ中の工業品目を、軽工業と重工業とで分けてみよう。
③それぞれの年の、軽工業と重工業との割合を比較してみよう。
④割合を比較した結果、大きな変化が見られたタイミングはいつで、それはなぜだろうか。

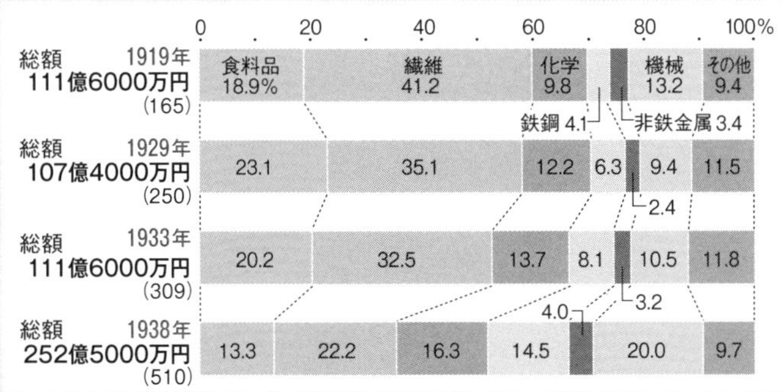

▲**工業生産額の内訳** (　)内は物価により実質化した指数(1913〈大正2〉年＝100)。(篠原三代平『長期経済統計10 鉱工業』より作成)

5　第二次世界大戦(1)　㊖ p.237～239

Check

①

②

③

④

⑤

⑥

⑦

⑧

⑨

⑩

⑪

⑫

⑬

⑭

三国防共協定

a　第一次世界大戦後の国際秩序は、世界恐慌以降、崩壊のきざしがみえ始めていた。1931年の満洲事変を皮切りに、ドイツは1933年に**ナチ党**の(　①　)が全体主義体制を確立し、国際連盟から脱退した。1935年には禁じられていた再武装に踏み切った。

b　イタリアでは**ファシスト党**の(　②　)によって一党独裁が確立され、1935年のエチオピア侵攻をきっかけに国際連盟と対立した。1936年にスペイン内戦がおこると、独伊両国は連帯を強めて(　③　)を形成した。

c　(　④　)は、第1次五カ年計画によって急速に国力を高めていた。1934年には国際連盟に加入し、国際社会における役割を増大させた。

d　1936年、**日独防共協定**を結び、翌年、これにイタリアも加わって(　⑤　)が結ばれた。イタリアも国際連盟から脱退し、日独伊3国は反ソ連の立場で結束し、(③)陣営が成立した。

日中戦争

a　満洲事変後、中国では国民政府軍と(　⑥　)軍とが内戦を続けていたが、関東軍は満洲国の独立を安定させるため、華北への勢力拡大をはかった。

b　これに対抗するために中国では**抗日統一戦線**を結成すべきという声が高まり、1936年の(　⑦　)事件をきっかけに、内戦は停止された。

c　1937年7月、北京郊外の(　⑧　)で日中両軍が衝突した(**盧溝橋事件**)。(　⑨　)内閣は当初不拡大方針をとったが、戦線は拡大し、正式な宣戦布告のないまま(　⑩　)戦争が始まった。

d　その年の末には日本軍は首都(　⑪　)を占領したが、その際、非戦闘員を含む多数の中国人が殺害される(⑪)事件が発生した。中国政府は奥地の(　⑫　)にしりぞき、抗戦を続けた。

e　(⑨)内閣は1938年、「**国民政府を対手とせず**」との声明を発表したことで、国民政府との和平の可能性を失った。

f　日本は日本・満洲・中国3カ国による「(　⑬　)」の建設をめざし、国民政府の重要人物である(　⑭　)を(⑫)から脱出させ、1940年に親日的な新国民政府を樹立させた。

日中戦争とアメリカ中立法

日中戦争が、日中両国ともに宣戦布告をおこなわずに全面戦争となった理由の一つに、アメリカが1935年から39年にかけて制定した中立法があるとされる。この条文の要点を考え、①～③にふれながら、その理由を考察してみよう。

①アメリカでは、戦争をしている国に対して、どのようなことをすると違法となるのだろうか。
②この条文から、この法律は日本や中国にどのような影響を与えるのだろうか。
③アメリカにとって、このような内容の法律を制定した目的は何だろうか。

中立法

アメリカ合衆国連邦議会の上下両院は次のように決議する。二カ国ないしそれ以上の外国の間で戦争が勃発、あるいは進行している場合、大統領はその事実を宣言し、以後合衆国あるいは合衆国の保有する領土のいかなる地点からも、その交戦国の港に対して、もしくはその交戦国への転送または使用のために中立国の港に対して、武器、弾薬、軍需品を輸出することは違法となる。……

（歴史学研究会編『世界史史料10』）

6　第二次世界大戦(2)

教 p.239〜242

Check

①

②

③

④

⑤

⑥

⑦

⑧

⑨

⑩

⑪

⑫

⑬

⑭

戦時体制の強化

a　日中戦争の長期化を覚悟した(　①　)内閣は、**挙国一致**の体制づくりを始め、(　②　)運動をおこした。

b　1938年、(①)内閣は(　③　)法を制定し、政府は**議会の承認なし**に、必要に応じて物資の統制や、労働者を一定の業務に強制的に従事させたりすることができるようになった。

c　各職場では労資が協調して国策に協力するために、(　④　)が結成され、従来の労働組合の解散が進んだ。

d　1939年には(③)法にもとづいて(　⑤　)が出され、国民を軍需産業に動員できるようにした。

e　軍需関連以外の日用品への統制が強まった。砂糖やマッチは**切符制**となり、やがて通帳による米の(　⑥　)制や**衣料切符制**も始まった。

f　1939年、日本の対中政策から対立を深めていたアメリカが**日米通商航海条約の廃棄**を通告し、石油・くず鉄などの重要軍需物資の輸入は困難となった。

大戦の開始

a　ヴェルサイユ体制の打破をめざすナチス＝ドイツは、1938年、**オーストリアなどを併合**し、ヨーロッパの情勢が大きく変化していた。ドイツはきたるべき欧州の大戦にそなえ、防共協定の軍事同盟化を日本に提案した。

b　1939年、(　⑦　)事件で日ソ両軍が武力衝突した。そのさなか、ドイツがソ連とのあいだで不可侵条約を結ぶと、(　⑧　)内閣はこれに対応できず総辞職した。

c　1939年、ドイツが**ポーランドに侵攻**し、(　⑨　)が始まった。日本は事態の推移を見守ったが、ドイツは短期間でヨーロッパのほとんどを勢力下においた。

新体制の樹立

a　陸軍は「援蔣ルート」の遮断と、軍需物資の確保のため南方進出を企図した。その足がかりとして、1940年、(　⑩　)を結んだ。

b　国内では近衛文麿を中心に、ナチ党にならった新しい政治体制をめざす(　⑪　)運動が高まった。諸政党はあいついで解党し、1940年には(　⑫　)が結成された。

c　1941年には小学校が(　⑬　)と改められた。また、朝鮮や台湾では「(　⑭　)」政策がすすめられた。

軍事費の推移

次のグラフをみて、①～③にふれながら、軍事費の推移と顕著に増加したきっかけを、当時の状況をふまえて説明してみよう。

①軍事費の値が増加し始めたのはいつのことだろうか。
②軍事費の値が増加し始めたころの国内外の状況は、どのようなものだったのだろうか。
③政府支出の全体や国民所得において軍事費の比率が上がるということは、どのような状況であると考えられるのだろうか。

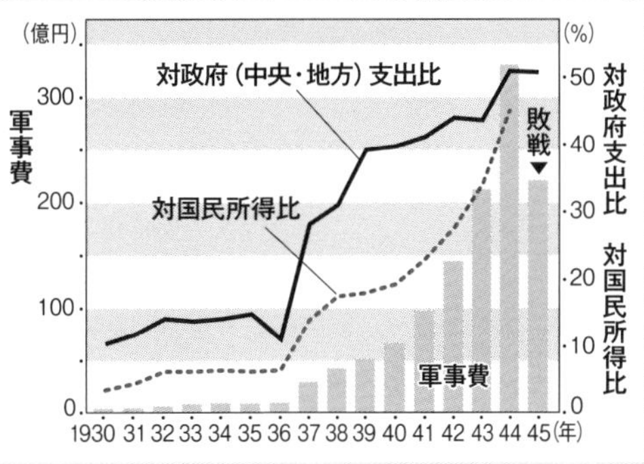

▲**軍事費の増大と国家予算の膨張**（大川一司ほか『長期経済統計1　国民所得』、江見康一ほか『長期経済統計7　財政支出』より作成）

7　第二次世界大戦(3)

教 p.242〜247

Check

①
②
③
④
⑤
⑥
⑦
⑧
⑨
⑩
⑪
⑫
⑬
⑭
⑮
⑯
⑰
⑱

日米交渉

a　1941年、第2次近衛内閣は、日米の衝突を回避するため**日米交渉**を開始した。並行して(　①　)外相はソ連と(　②　)条約を結んだ。

b　同年、ドイツ軍がソ連領内に侵攻し、**独ソ戦争**が始まった。第2次近衛内閣は南方に進出する一方で、満洲で演習をおこないソ連に備えた。

c　日本が(　③　)進駐に踏み切ると、アメリカは**対日石油禁輸**をおこない、英蘭中と4カ国で経済封鎖を強めた。日本側はこれを「**ABCD包囲陣**」とよび、国民の敵対意識をあおった。

d　1941年、第3次近衛内閣は総辞職し、(　④　)が内閣を組織した。アメリカは日本に対し強硬な要求を提示し、対米交渉は絶望的となった。

太平洋戦争／戦局の悪化

a　1941年12月、日本軍は英領マレー半島に上陸するとともに、**ハワイ**の(　⑤　)を攻撃し、(　⑥　)戦争が始まった。

b　開戦から半年、日本軍はアジアの広い地域を占領した。あわせて東条英機内閣は(　⑦　)選挙を実施し、政府推薦候補者が多数当選した。

c　1942年、(　⑧　)海戦で日本軍は敗れ、米軍の反撃をうけることとなった。独伊両軍も苦戦を強いられた。

d　1943年、占領地域の代表者を東京に集めて大東亜会議を開催し、(　⑨　)建設のための共同宣言が発表された。

国民生活の荒廃

a　1944年、(　⑩　)島が米軍に占領され東条英機内閣は倒れた。

b　国内の労働力不足を補うため、学生・生徒に対する(　⑪　)がおこなわれ、大学生を軍に徴集する(　⑫　)も始まった。

c　1945年3月の(　⑬　)をはじめ、米軍による大都市への無差別空襲が激しさを増し、子どもたちの(　⑭　)もおこなわれた。

敗戦

a　1945年2月、米英ソの首脳が(　⑮　)を結び、**ソ連の対日参戦**が秘密裏に約された。

b　4月、米軍が(　⑯　)に上陸し、住民を巻き込んだ激しい地上戦がおこなわれた。

c　7月、米英ソ3カ国の首脳が会談し、日本の無条件降伏を勧告する(　⑰　)宣言が発表された。

d　8月、米軍は**広島と長崎**に(　⑱　)を投下した。ソ連軍も参戦し、日本政府は(⑰)宣言の受諾を決定し、9月、降伏文書に署名して太平洋戦争は終了した。

日本とアメリカの関係

次のグラフと教科書の記述を読みとり、太平洋戦争前の日米関係について、①〜③にふれながら説明してみよう。

①軍需物資の国別輸入額のグラフから、1940年当時、日本とアメリカはどのような関係にあったことが読みとれるのだろうか。
②日米の主要物資生産高比較のグラフから、日米間の生産力にはどのような違いがみられるのだろうか。
③日米が対立を深めた場合、アメリカはどのような措置をとると考えられるだろうか。

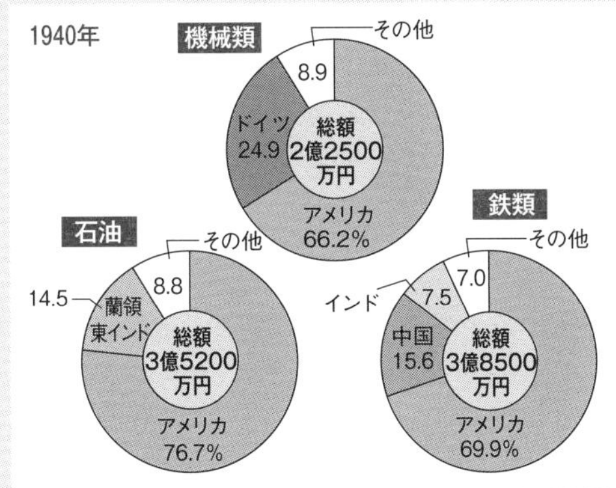

▲**軍需物資の国別輸入額**(遠山茂樹ほか『昭和史』より作成)

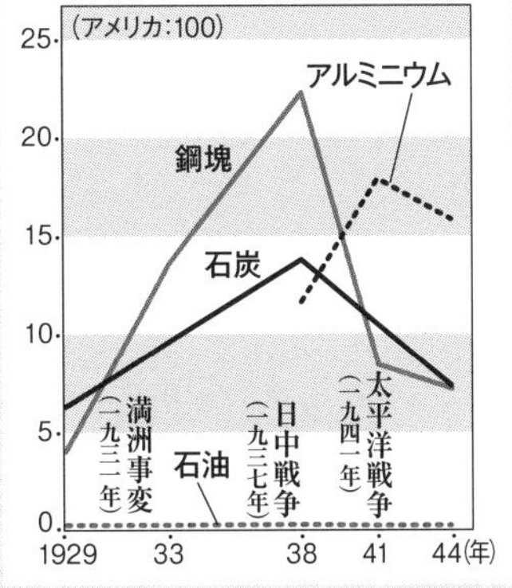

▲**日・米の主要物資生産高比較**(三和良一・原朗編『近現代日本経済史要覧　補訂版』より作成)

第16章

現代の世界と日本

1 占領下の改革と主権の回復(1)

教 p.248〜251

Check

①

②

③

④

⑤

⑥

⑦

⑧

⑨

⑩

⑪

⑫

⑬

⑭

⑮

⑯

⑰

⑱

⑲

戦後の世界秩序

a　1945年、(　①　)が発足した。(　②　)・イギリス・フランス・中華民国・(　③　)の5大国を**常任理事国**とする(　④　)を設置した。常任理事国には**拒否権**を付与した。

b　西ヨーロッパ諸国は2度の世界大戦によって国力を消耗し、(②)・(③)の対立を軸に展開することとなった。

占領の開始

a　1945年8月、ポツダム宣言受諾とともに鈴木貫太郎内閣は総辞職し、(　⑤　)内閣は連合国軍の進駐を受け入れ、日本軍の武装解除と、降伏文書に調印をした。

b　連合国軍最高司令官(　⑥　)は、東京に総司令部((　⑦　))をおき、アメリカ主導による、日本政府への指令・勧告にもとづく(　⑧　)統治での占領政策となった。占領政策の目標は、**日本の非軍事化と民主化**によって、日本がふたたびアメリカの脅威となるのを防ぐことだった。

c　10月、GHQは(　⑨　)首相に対して、(　⑩　)の指令を出した。指令は、**女性参政権**の付与、(　⑪　)の結成奨励、教育制度の自由主義的改革、秘密警察の廃止、経済機構の民主化であった。

d　1946年、(　⑫　)(**東京裁判**)が開かれ、A級戦犯が裁かれた。GHQは昭和天皇を戦犯とせず、昭和天皇はいわゆる**人間宣言**を出して神格性をみずから否定した。

e　各界の指導者が、戦時中の責任を問われ、(　⑬　)がおこなわれた。

経済の民主化

a　経済民主化の課題は、**財閥と寄生地主制の解体**であった。

b　1946年、**持株会社整理委員会**が発足し、株式所有による財閥傘下企業を一掃する(　⑭　)が開始された。

c　1947年、(　⑮　)法によって持株会社やカルテル・トラストなどを禁止し、(　⑯　)法によって巨大企業の分割をすすめた。

d　1945年に決定された第1次(　⑰　)案はGHQから不徹底とされ、第1次(　⑱　)内閣のもとで**改正農地調整法**と(　⑲　)法によって第2次(⑰)が実施された。

e　これによって不在地主は認められず、在村地主の一定面積の土地を国が買い上げ、小作人に安く売りわたした。小作地は大はばに減少し、大地主たちは大きな経済力と社会的威信を失った。

農地改革の影響

次のグラフをみて、農地改革の前後で農村にどのような変化があったと考えられるか、①〜④にふれながら説明してみよう。

①農地改革の前後で、自作地と小作地の割合はどのように変化しているのだろうか。
②農地改革の前後で、自作農と小作農の割合はどのように変化しているのだろうか。
③農地改革の前後で、経営耕地別農家の割合の変化から、どのような農家の割合が増えていることが読みとれるのだろうか。
④これらの変化から、農村社会ではどのような変化があったと考えられるのだろうか。

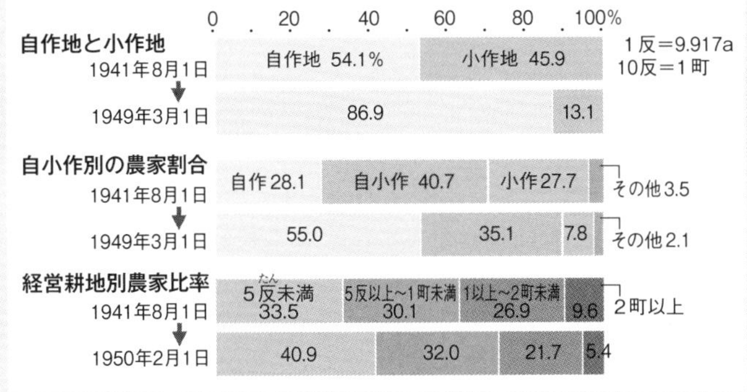

▲**農地改革表**（『農林省統計表』、農地改革記録委員会『農地改革顚末概要』より作成）

2　占領下の改革と主権の回復(2)

教　p.251～254

Check

①

②

③

④

⑤

⑥

⑦

⑧

⑨

⑩

⑪

⑫

⑬

⑭

⑮

⑯

労働政策と教育の民主化

a　1945年、(　①　)法が公布され、労働者の**団結権**・**団体交渉権**・**団体行動権**を保障した。これによって**労働組合**があいついで結成された。

b　1946年には**労働関係調整法**、翌47年には(　②　)法が公布され、いわゆる**労働三法**ができあがった。この年に**労働省**も発足した。

c　1947年、(　③　)法と**学校教育法**が制定され、**6・3・3・4制**の新しい学制が始まり、義務教育が6年から9年に延長された。

新憲法の制定

a　GHQは幣原内閣に**憲法改正**を指示していた。しかし、政府の改正案は保守的であるとして、GHQは1946年、みずから作成した改正案を政府に示した。政府はこれをもとに政府原案を作成した。

b　政府原案は、帝国議会で審議され修正可決したのち、11月3日に(　④　)として公布され、翌47年5月3日に施行した。

c　新憲法は(　⑤　)・**平和主義**・**基本的人権の尊重**を3原則とし、衆議院と(　⑥　)の2院からなる国会を国権の最高機関とした。天皇は日本および日本国民統合の象徴とされ、第9条の(　⑦　)条項は世界にも例のないものであった。

d　新憲法にもとづいて多くの法律が制定・改正され、新しい(　⑧　)では男女同権の家族制度を定め、(　⑨　)法が成立して地方公共団体の首長は公選となった。また、**内務省**も廃止された。

政治・社会の混乱

a　政党が復活・誕生し、旧立憲政友会系の(　⑩　)党や旧立憲民政党系の(　⑪　)党のほか、(　⑫　)党は合法政党となり、旧無産政党を統合して(　⑬　)党が結成された。

b　1945年、衆議院議員選挙法が改正され、**満20歳以上の男女**に選挙権が与えられた。翌46年の戦後初の総選挙で39人の女性議員が誕生した。

c　総選挙で(⑩)党が第一党となったが、総裁の**鳩山一郎**が公職追放となったため、(　⑭　)がこれにかわり、内閣を組織した。

d　将兵の**復員**や引揚げによる人口増や凶作による食糧不足で、都市部の人びとは農村への買出しや**闇市**などで飢えをしのいだ。

e　1947年、政府は(　⑮　)を実施し、石炭・鉄鋼などの重要産業部門に資材・資金を集中させたが、猛烈なインフレとなった。

f　労働運動が激しくなり、1947年には官公庁労働者を中心に**ゼネラル=ストライキ**が計画されたが、GHQの命令で決行前日に中止となった。

g　1947年、新憲法にもとづく初の総選挙で(⑬)党が第一党となり、3党連立の(　⑯　)内閣が成立したが、短命に終わり、民主党の**芦田均**による連立内閣も1948年の**昭和電工事件**で退陣した。

読みとき

買出し列車から考える

食料を求める人びとは、すし詰めの列車にのって農村へ出かけた。次の写真をみて、当時の食料事情や人びとの生活を、①〜③にふれながら考察してみよう。

①列車がこのようにすし詰めになってしまっているのはなぜだろうか。
②都市部と農村部とでは、人びとの生活にどのような違いがあったと考えられるのだろうか。
③このような状況のなかで、政府はどのような対応をとっていたのだろうか。

▲**買出し列車**(朝日新聞社提供)

3　占領下の改革と主権の回復(3)　教 p.254〜258

Check

①
②
③
④
⑤
⑥
⑦
⑧
⑨
⑩
⑪
⑫
⑬
⑭
⑮
⑯
⑰

冷戦の始まり

a　1947年、アメリカはソ連の「封じ込め」をはかり、マーシャル＝プランによるヨーロッパの復興を打ち出した。1949年には西ヨーロッパ諸国との共同防衛組織として(　①　)(NATO)が結成された。

b　1955年、ソ連と東ヨーロッパ諸国は(　②　)を結成し、東西両陣営が対立する「**冷たい戦争**(冷戦)」が始まった。

c　中国では、1949年に国共内戦に勝利した共産党が(　③　)を建国し、国民党政権は**台湾**へ逃れた。

d　朝鮮半島では、1948年、**北緯38度線**以南の米占領地域に(　④　)が、以北のソ連占領地域に(　⑤　)が建国された。

占領政策の転換

a　冷戦の激化から、アメリカは対日占領政策を転換し、日本の経済の自立と政治の安定をうながし、東アジアの友好国とすることをめざした。

b　1948年、GHQはインフレの進行をおさえるため、第2次吉田内閣に(　⑥　)の実行を指令した。アメリカは(　⑦　)による緊縮財政と、(　⑧　)による税制改革を実施させ、1ドル＝360円の**単一為替レート**を設定した。

朝鮮戦争

a　1950年、(　⑨　)戦争が始まり、韓国はアメリカを中心とする国連軍の、北朝鮮はソ連や中国の援助をうけて戦い、53年に休戦した。

b　GHQは共産党幹部の公職追放を指令した。これを(　⑩　)という。また、国内の軍事的空白をうめるために(　⑪　)が新設された。

c　米軍からの(　⑫　)によって(⑫)景気がおこり、鉱工業は戦前の水準に回復した。1955〜57年には**神武景気**とよばれる好景気が続いた。

主権の回復

a　1951年、日本は48カ国と(　⑬　)条約を調印し、主権を回復した。国内には**全面講和**を求める声もあったが、第3次吉田内閣は早期講和をめざし、西ヨーロッパ諸国のみとの講和となった。同日、アメリカと(　⑭　)条約を結び、米軍の駐留を認め、1952年、(　⑮　)により、基地提供と駐留費用の分担が取り決められた。

戦後の文化

a　1949年、(　⑯　)が日本人初のノーベル賞を受賞した。

b　1949年に法隆寺金堂壁画が焼損したことをきっかけに、翌年(　⑰　)法が制定された。

日本経済の復興と朝鮮特需

次のグラフをみて、戦前・戦中から1950年代にかけての日本の生産指数の変化の特徴と背景について、①〜④の問いに答えてみよう。

①日本の生産指数がもっとも落ち込んでいるのは、いつだろうか。
②1950年以降、生産指数が急上昇したのはなぜだろうか。
③戦後、生産指数が戦前の水準に達したのはいつだろうか。
④戦前期、太平洋戦争中、終戦直後、朝鮮特需（ちょうせんとくじゅ）の4つの時期の特徴をまとめてみよう。

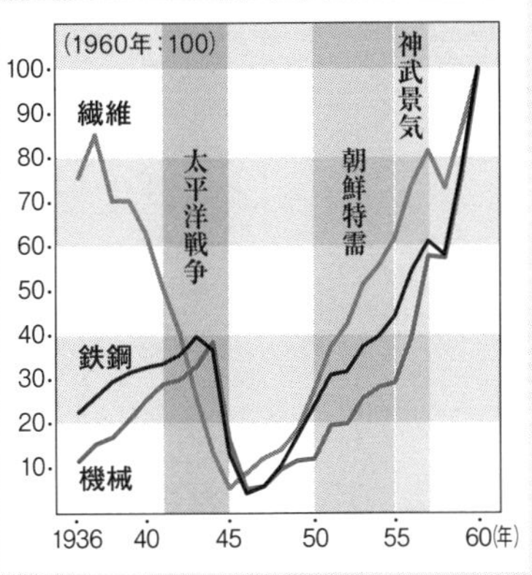

▲**日本経済の復興と朝鮮特需**　1960年を100としたときの、生産指数の変化を示している。（日本銀行統計局『明治以降本邦主要経済統計』より作成）

4 55年体制と高度経済成長(1)

㊫ p.259〜262

Check

①

②

③

④

⑤

⑥

⑦

⑧

⑨

⑩

⑪

⑫

⑬

⑭

⑮

冷戦体制の推移

a　1950〜60年代の世界情勢の流れは米ソ２大陣営の対立であった。米ソは**水素爆弾**を完成させ、核開発競争が激化した。

b　米ソに属さない第三勢力が台頭し、1955年、(　①　)が開催された。

c　1960年代には米ソの圧倒的地位は動揺し、1967年には(　②　)(EC)が結成され、**中ソ対立**も表面化していた。

d　南北に分断されていたベトナムでは、1965年、南ベトナムを助けるアメリカ軍と、ソ連・中国が援助する北ベトナムとのあいだで(　③　)戦争が展開され、泥沼化した。

独立回復後の国内政治

a　第３次吉田内閣は自衛力強化のため、警察予備隊を(　④　)に改組した。さらに1954年には(　⑤　)を発足させ、**防衛庁**が新設された。革新勢力は吉田内閣の一連の政策を「**逆コース**」と反発した。

b　1954年、ビキニ環礁でアメリカがおこなった水爆実験で第五福竜丸が被爆すると、(　⑥　)が高まった。

55年体制の成立と国際社会への復帰

a　1954年に成立した(　⑦　)内閣は、自衛力の増強と憲法改正をとなえたが、1955年、左右社会党は再統一し、これの阻止をめざした。

b　自由党と日本民主党も合同し、(　⑧　)党を結成した(**保守合同**)。保革対立と保守一党優位の体制を(　⑨　)とよぶ。

c　(⑦)内閣は「自主外交」をうたい、ソ連との国交回復につとめ、1956年に(　⑩　)を発表し、国交は正常化された。ソ連は日本の国際連合への加盟を支持し、同年、日本の(　⑪　)が実現した。

安保改定

a　アメリカと結んだ(　⑫　)条約には、アメリカの日本防衛義務が明記されておらず、有効期限もないことから条約として不備があった。

b　1960年、(　⑬　)内閣は(　⑭　)条約(**新安保条約**)を締結し、アメリカの日本防衛義務、在日アメリカ軍の軍事行動の**事前協議**、10年の有効期限が明記された。

c　革新勢力は、この条約で日本がアメリカの対アジア戦略に巻き込まれるとして反対運動を展開し、これは(　⑮　)とよばれた。

55年体制

次のグラフをみて、自由民主党が選挙に勝利したにもかかわらず、目標である憲法改正を実現できなかったのはなぜか、①〜③の問いに答えてみよう。

①憲法改正を発議するためには、なにが必要なのだろうか。
②自由民主党と日本社会党の議席数の割合は、どのようなものだろうか。
③憲法改正を主張する自由民主党に対して、日本社会党はどのような姿勢をとったのだろうか。

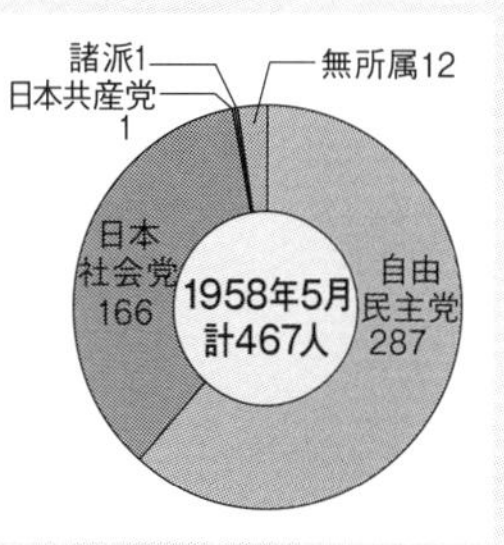

▲社会党統一・保守合同後、最初の総選挙結果

5　55年体制と高度経済成長(2)

教 p.262～266

Check

①
②
③
④
⑤
⑥
⑦
⑧
⑨
⑩
⑪
⑫
⑬
⑭
⑮
⑯
⑰
⑱
⑲

保守長期政権

a　岸信介内閣のあとをうけた(　①　)内閣は、革新勢力との対決を避け、「(　②　)」のスローガンを掲げて(　③　)政策を推進した。また、中国との準政府間貿易(LT 貿易)もすすめた。

b　1965年、(　④　)内閣は韓国と(　⑤　)条約を結び、国交を樹立した。

c　アメリカの施政権下にあった(　⑥　)では、祖国復帰運動が高揚していた。1968年には、(　⑦　)が返還された。1971年には(　⑧　)が調印され、翌72年に(⑥)の日本復帰が実現したが、広大なアメリカ軍基地は存続することとなった。

高度経済成長

a　1960年代、日本経済は順調に成長し、池田勇人内閣の高度経済成長政策のなかで、1959～61年には(　⑨　)景気、佐藤栄作内閣の1966～70年には(　⑩　)景気といった好景気が続いた。

b　1968年には、日本のGNP(**国民総生産**)は資本主義国のなかでアメリカについで2位となった。

c　さまざまな工業分野で**技術革新**がすすみ、石炭から**石油**への(　⑪　)革命がすすんだ。

d　**産業構造の高度化**もすすみ、1961年には(　⑫　)法を制定し、農業の近代化をすすめた。

e　貿易黒字がつづき、1964年には(　⑬　)8条国に移行し、(　⑭　)(OECD)に加盟して、為替と資本の自由化を実施した。

生活革命と高度経済成長のひずみ

a　国民生活は変容し、**電気冷蔵庫・電気洗濯機・白黒テレビ**の「(　⑮　)」を中心に家電などの消費が拡大した。

b　1964年、(　⑯　)をきっかけに、鉄道では(　⑰　)が開通した。首都高などの**高速道路**も開通し、**自動車**が広く普及した。

c　高度経済成長のひずみもあらわれ始め、さまざまな**公害**が発生した。1967年に(　⑱　)法が制定され、71年には**環境庁**を発足させた。

高度経済成長下の文化

a　1960年代には、文化の大衆化・多様化がすすみ、マス＝メディアやレジャー産業が発達し、1953年には**テレビ放送**が始まった。

b　1970年には大阪で日本(　⑲　)(大阪万博)が開催された。

家電などの普及率の推移

次のグラフを読みとき、各家電製品の普及率の推移の特徴とその背景について、①～③の問いに答えてみよう。

①「三種の神器」とよばれた、電気冷蔵庫・電気洗濯機・白黒テレビの普及率の推移にはどのような特徴がみられるのだろうか。

②「新三種の神器」とよばれた、カラーテレビ・乗用車・ルームエアコンの普及率の推移には、どのような特徴がみられるのだろうか。

③現在の家電などの普及率には、どのような特徴がみられるのだろうか。

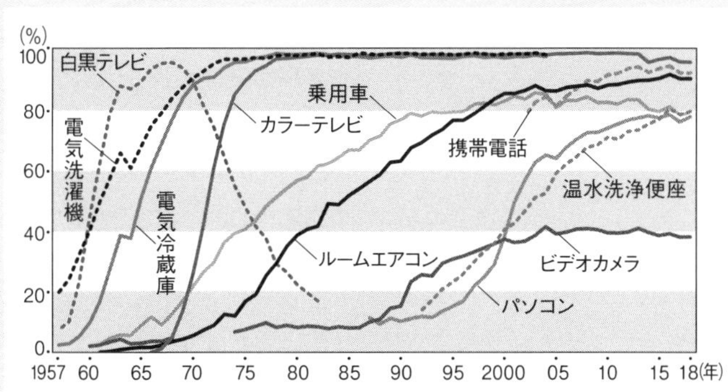

▲**家電などの普及率の推移**（内閣府「消費動向調査」より作成）

6　現代の情勢(1)

教 p.267〜270

Check

①
②
③
④
⑤
⑥
⑦
⑧
⑨
⑩
⑪
⑫
⑬
⑭

多極化する国際社会

a　1970年代に入ると、(　①　)はベトナム戦争の支出による財政への圧迫と貿易赤字によって**ドル危機**となり、71年、(　②　)大統領は**金とドルの交換を停止**し、73年、日本や西ヨーロッパ諸国は(　③　)へ移行した。

b　1973年、**第4次中東戦争**がおこると、アラブ石油輸出国機構(OAPEC)は欧米や日本への原油輸出の制限と値上げを決定した。そして、石油輸出国機構(OPEC)は原油価格を段階的に約4倍に引き上げ、日本経済は(　④　)とよばれる大打撃をうけた。

c　1975年、先進6カ国による(　⑤　)(サミット)が開催され、経済政策を調整した。

保守政権の動揺

a　1972年、(　⑥　)首相は訪中して、(　⑦　)を発表し、アメリカに先立って**国交正常化**を実現した。

b　(⑥)首相は「列島改造」構想を打ち出したが、土地や株式への投機がおこり、**石油危機**による原油価格高騰もあって、「狂乱物価」とよばれるインフレとなった。1974年、戦後初のマイナス成長となった。

c　1978年、**福田赳夫**内閣が(　⑧　)条約を結んだ。その後、自民党政権は党内の対立などで必ずしも安定しなかった。

経済大国への成長

a　日本は石油危機によって高度経済成長の時代は終わったが、省エネ、工場やオフィスの自動化で、欧米と比べて高い成長率を維持した。

b　自動車や電気機械、半導体などが輸出産業として発展し、**貿易黒字が拡大**したため、欧米諸国とのあいだで(　⑨　)が生じた。

c　1989年、労使協調的な(　⑩　)(**連合**)が発足した。

d　「経済大国」となった日本は、(　⑪　)(ODA)の供与額も世界最大規模となった。

冷戦の終結と国際情勢

a　1989年、米ソ首脳は(　⑫　)の終結を宣言した。

b　1980年代末から東ヨーロッパ諸国では**民主化**がおこなわれ、90年には**東西ドイツが統一**され、91年には**ソ連が崩壊**した。中国では政府が、民主化を求める学生たちの動きを武力でおさえこむ(　⑬　)事件が発生した。

c　1990年、イラクがクウェートに侵攻すると、アメリカを中心とする多国籍軍がイラクを制圧し、(　⑭　)戦争が始まった。

日中共同声明

次の史料を読んで、日中共同声明は当時のアジア外交にとって、どのような意味があったのか、①〜③の問いに答えてみよう。

①日中両国は、過去の戦争についてどのような認識を持ち、どう清算したのだろうか。

②「復交三原則」とは、中国の周恩来首相が提起したもので、(1)中華人民共和国が中国唯一の合法政府である、(2)台湾は中国の不可分の領土の一部である、(3)日本と台湾の中華民国政府とのあいだで結ばれていた日華平和条約は不法であり廃棄されるべき、という内容であるが、日中国交正常化によって、日本と台湾との関係はどのように変化したのだろうか。

③「覇権」とは、覇者の権力であり、力によって他国をおさえこむという意味があるが、この語が登場する第七項は中国の希望で挿入された。中国は何のためにこの「覇権条項」を挿入したのだろうか。

日中共同声明

日本側は、過去において日本国が戦争を通じて中国国民に重大な損害を与えたことについての責任を痛感し、深く反省する。また、日本側は、中華人民共和国政府が提起した「復交三原則」を十分理解する立場に立って国交正常化の実現をはかるという見解を再確認する。中国側は、これを歓迎するものである。

五、中華人民共和国政府は、中日両国国民の友好のために、日本国に対する戦争賠償の請求を放棄することを宣言する。

七、日中両国間の国交正常化は、第三国に対するものではない。両国のいずれも、アジア・太平洋地域において覇権を求めるべきではなく、このような覇権を確立しようとする他のいかなる国あるいは国の集団による試みにも反対する。

（外務省編『わが外交の近況』）

7　現代の情勢(2)

㊛ p.270～273

Check

①

②

③

④

⑤

⑥

⑦

⑧

⑨

⑩

⑪

⑫

⑬

⑭

55年体制の崩壊

a　1982年に成立した(　①　)内閣は、電電・専売・国鉄の3公社の民営化を実現した。

b　1989年、**竹下登**内閣は(　②　)を実施した。この年、(　③　)が亡くなり、元号は(　④　)となった。

c　1991年の(　⑤　)戦争では**多国籍軍**へ多額の資金援助をおこない、翌年には(　⑥　)法(**PKO協力法**)を成立させた。

d　1993年、自由民主党は分裂し、日本新党の(　⑦　)を首相とする非自民連立内閣が誕生し、40年近く続いた(　⑧　)に終止符が打たれた。(　⑦　)内閣は**小選挙区比例代表並立制**を導入した。

e　1994年、**村山富市**を首相とする自由民主党と日本社会党などの連立内閣が発足した。

バブル経済と平成不況

a　1980年代になると、日本の対米貿易黒字が増大し、アメリカは自動車などの輸出自主規制と農産物の輸入自由化をせまり、一部これに応じた。

b　1985年の先進諸国による(　⑨　)以降、**円高不況**となった。

c　政府による減税や超低金利政策が金融資金を不動産や株式市場に流出し、地価・株価が暴騰する(　⑩　)となった。

d　1990年代に(　⑩　)が崩壊すると、日本経済は深刻な不況となり、雇用不安が高まった(**平成不況**)。

国内外の変化と改革

a　1997年、消費税の税率引上げや**アジア通貨危機**によって、日本経済は深刻な不況におちいった。

b　2005年、(　⑪　)内閣は郵政事業の民営化を決定したが、福祉政策の後退や地方経済の疲弊をまねいた。

c　2009年、(　⑫　)党の**鳩山由紀夫**内閣が成立したが、政局は安定せず、2012年、自民党などの第2次**安倍晋三**内閣が成立した。安倍内閣のもとで**集団的自衛権**の行使が可能となった。

現代の諸課題

a　21世紀をむかえ、**少子高齢化**が急速にすすみ、経済成長の抑止と社会保障政策に深刻な影響が出ることが予測されている。

b　1997年には(　⑬　)が採択され、先進国の温室効果ガス排出削減目標が決定され、2015年には開発途上国もふくんだパリ協定が採択された。さらに、**持続可能な開発目標**(SDGs)も採択された。

c　2011年、(　⑭　)がおこり、津波と原子力発電所の事故によって甚大な被害となった。

日本のエネルギー

次のグラフから日本の発電量や発電方法の割合の変化を読みとき、これからの日本のエネルギーについて、①〜③の問いに答えてみよう。

①発電量はどのように推移しているのだろうか。
②発電方法の割合の変化の特徴と、その背景を考えてみよう。
③それぞれの発電方法について、メリットやデメリットを調べてみよう。

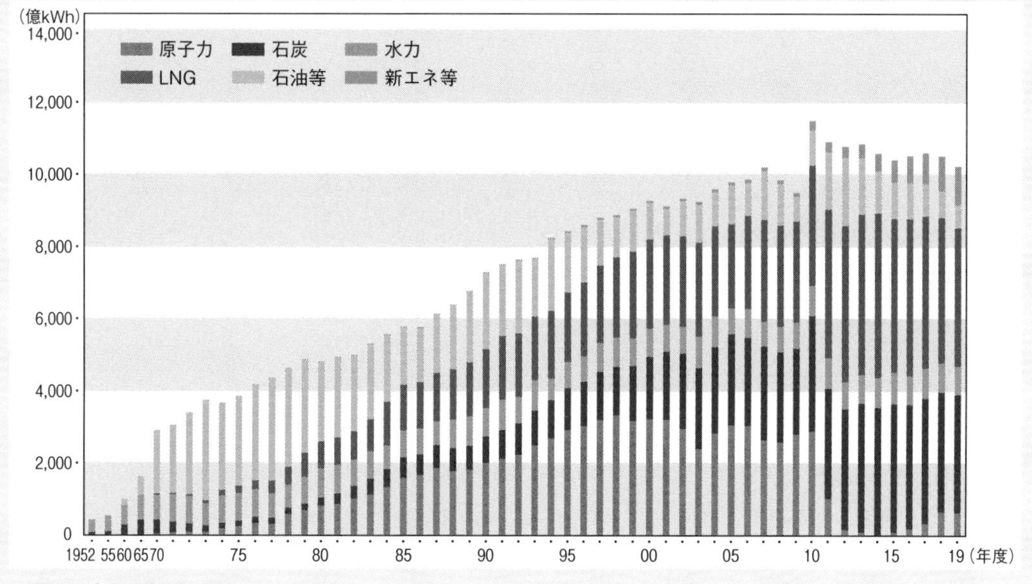

▲**発電電力量の推移**(資源エネルギー庁「エネルギー白書2016」「総合エネルギー統計」より作成)

装幀　　水戸部　功

日本史探究
高校日本史 ノート

2023年 3 月　初版発行

編　者　高校日本史ノート編集部
発行者　野澤　武史
印刷所　信毎書籍印刷株式会社
製本所　有限会社 穴口製本所
発行所　株式会社 山川出版社
〒101-0047　東京都千代田区内神田1-13-13
電話　03-3293-8131(営業)　03-3293-8135(編集)
https://www.yamakawa.co.jp/

ISBN978-4-634-02233-1　　NYIZ0103

日本史探究

高校日本史 ノート

解答

山川出版社

第１章　日本文化のあけぼの

1　日本文化の始まり　p. 4～5

①猿人　②氷河　③ナウマンゾウ　④新人　⑤縄文　⑥弥生　⑦打製石器　⑧ナイフ形　⑨細石器　⑩野尻湖　⑪弓矢　⑫磨製石器　⑬骨角器　⑭新石器　⑮農耕　⑯竪穴　⑰貝塚　⑱交易　⑲屈葬

読みとき　解答例

①形が深鉢である点が共通しており、食料の煮炊き用に使用されたと考えられる。土器の使用によって、食料の煮炊きや木の実などのあく抜き、密閉なども可能になり、食料の加熱や保存ができるようになった。

②弓矢の使用によって、中小型の動物をとらえることができるようになった。これによって、食べられるものの種類が増え、豊かになっていった。

2　農耕の開始(1)　p. 6～7

①水稲　②弥生　③鉄　④銅鐸　⑤銅剣（④⑤は順不同）　⑥石斧　⑦石包丁　⑧壺　⑨貝塚後期　⑩用水路　⑪田植え　⑫鍬　⑬高床倉庫　⑭木臼　⑮伸展葬　⑯甕棺　⑰方形周溝墓　⑱墳丘墓　⑲支配者

読みとき　解答例

①弥生土器は縄文土器よりも高温で焼くことができるようになったため、赤焼きでうすくつくられているものが多く、デザインも文様が少なく、器形がふえた。

②貯蔵用の壺、煮炊き用の甕、盛りつけ用の高杯など、その用途に即した形がつくられ、ほぼ煮炊き用に使われた縄文土器よりも、実用性に優れていた。

3　農耕の開始(2)　p. 8～9

①吉野ヶ里　②環濠集落　③クニ　④銅鐸　⑤銅戈　⑥漢書　⑦楽浪郡　⑧奴　⑨鏡　⑩「魏志」倭人伝　⑪卑弥呼　⑫身分　⑬刑罰　⑭市　⑮壱与　⑯九州　⑰近畿（⑯⑰は順不同）

読みとき　解答例

①先進的な文物を手に入れたり、皇帝の権威を借りて自分のクニの権威を高めることを目的に、中国の皇帝に会いに行った。

②奴隷などの貢物を献上した。

③金印には「漢委奴国王」と刻まれていて、中国皇帝から国王として地域の支配権を認められたことがわかる。

第２章　古墳とヤマト政権

1　古墳文化の展開(1)　p. 10～11

①前方後円墳　②竪穴式　③箸墓　④ヤマト　⑤７　⑥埴輪　⑦南九州　⑧武具　⑨馬具（⑧⑨は順不同）　⑩横穴式　⑪群集墳　⑫晋　⑬新羅　⑭大王　⑮倭の五王　⑯雄略

読みとき　解答例

①竪穴式石室は棺の上を石や粘土で閉鎖する形で、基本的に１人のためにつくられていた。一方で、横穴式石室は玄室と外部を結ぶ羨道があり、棺を埋めたあとでも、入口をふさいだ石や土を取り除けば、出入りすることができる。

②横穴式石室は追葬が可能で、個人葬から合葬へと変化していった。

2　古墳文化の展開(2)　p. 12～13

①渡来人　②須恵器　③仏教　④土師器　⑤新嘗祭　⑥大神　⑦盟神探湯　⑧氏　⑨姓　⑩臣　⑪大連　⑫田荘　⑬部曲　⑭屯倉　⑮国造　⑯磐井　⑰八角墳

読みとき　解答例

①中国の支配力が弱まり、朝鮮半島では独立の動きが強まった。半島の北部は高句麗、南部は東側に新羅、西側に百済が成立し、南側は小国が分立して加耶とよばれた。

②倭王は中国皇帝の権威を借りて、朝鮮半島南部における外交・軍事上の立場を優位にし、国内支配を安定させようとした。

3　飛鳥の朝廷　p. 14～15

①新羅　②加耶　③大伴金村　④蘇我　⑤隋　⑥物部守屋　⑦崇峻　⑧推古　⑨聖徳太子　⑩冠位十二階　⑪憲法十七条　⑫遣隋使　⑬飛鳥　⑭釈迦三尊　⑮鞍作鳥　⑯半跏思惟　⑰天寿国繡帳

読みとき　解答例

①豪族たちが一族の権威を示し、繁栄を願うことが目的で創建された。

②時代とともに豪族の権威を示す要素が薄まり、信仰が重視されるようになって、本尊の仏像をまつる金堂が中心におかれるようになった。

第３章　律令国家の形成

1　律令国家への道(1)　p. 16～17

①唐　②入鹿　③大化の改新　④改新の詔　⑤公地公民　⑥戸籍　⑦班田収授　⑧白村江　⑨水城　⑩天智　⑪庚午年籍　⑫壬申　⑬大海人　⑭天武　⑮八色の姓　⑯持統　⑰飛鳥浄御原　⑱藤原京

読みとき　解答例

①公地公民制の確立、地方行政組織と交通制度の整備、全国的な人民や田地の調査、統一的な税制の施行など、中央集権化をはかった。

②朝鮮半島への出兵と白村江の戦いでの敗戦にともない、唐・新羅の進攻にそなえて、国防の強化をはかったため。

2　律令国家への道(2)　p. 18～19

①刑法　②二官　③八省　④神祇官　⑤公卿　⑥四等官　⑦七道　⑧国府　⑨郡司　⑩里　⑪大宰府　⑫位階　⑬五刑　⑭戸籍　⑮口分田　⑯租　⑰調　⑱庸　⑲防人　⑳賤民

読みとき　解答例

①戸主(卜部乃母曽)の家族7人と、従兄弟(卜部方名)の家族9人の、2家族16人で構成されている。

②現在の戸籍は一組の夫婦とその未婚の子を単位につくられているが、古代の戸籍は、戸主とその家族、および親族など、1つの戸が現代よりも大人数で構成されていた。

3　平城京の時代　p. 20〜21

①遣唐使　②吉備真備　③戒律　④条坊制　⑤薬師寺　⑥和同開珎　⑦多賀城　⑧藤原不比等　⑨長屋王　⑩聖武　⑪橘諸兄　⑫国分寺　⑬大仏　⑭藤原仲麻呂　⑮道鏡　⑯浮浪　⑰百万町歩の開墾計画　⑱三世一身法　⑲墾田永年私財法

読みとき　解答例

①この頃、地震や凶作、疫病の流行や政情不安など、国中でさまざまな災いが起こっていた。そこで仏教の力で国を守ること(鎮護国家)を願った。

②聖武天皇

4　律令国家の文化　p. 22〜23

①天武　②伊勢神宮　③漢詩文　④柿本人麻呂　⑤東塔　⑥高松塚　⑦法隆寺金堂　⑧唐　⑨日本書紀　⑩六国史　⑪風土記　⑫懐風藻　⑬万葉集　⑭防人　⑮大学　⑯鎮護国家　⑰南都六宗　⑱行基　⑲唐招提寺　⑳正倉院

読みとき　解答例

正倉院の「鳥毛立女屛風」と、トルファン出土の「樹下美人図」は、木陰と女性の構図や、服装・顔立ちなど容姿の共通点があり、ともに唐の影響をうけて描かれたと考えられる。

正倉院のガラスの碗は、ササン朝で製作されていることから、西アジア産のものがシルクロードを通じて日本にもたらされたことがわかる。

5　律令国家の変容(1)　p. 24〜25

①桓武　②長岡京　③軍団　④健児　⑤勘解由使　⑥蝦夷　⑦征夷大将軍　⑧阿弖流為　⑨嵯峨　⑩蔵人頭　⑪藤原冬嗣　⑫検非違使　⑬令外官　⑭格　⑮式　⑯弘仁格式　⑰三代格式　⑱公営田　⑲官田

読みとき　解答例

①ア：蔵人頭　イ：検非違使

②律令制の令に定められていない新しい官職で、実際の政治の必要に応じて設けられた。

6　律令国家の変容(2)　p. 26〜27

①弘仁・貞観　②大学別曹　③天台　④延暦寺　⑤真言　⑥金剛峯寺　⑦現世利益　⑧加持祈禱　⑨修験道　⑩神仏習合　⑪一木造　⑫曼荼羅　⑬三筆

読みとき　解答例

①奈良時代は、鎮護国家の思想により政治と仏教が深く結びつき、平城京内に多くの寺院が存在した。平安時代は、桓武天皇が仏教の政治介入をきらい、平安京には平城京の大寺院を1つも移さなかった。また、最澄や空海が学んだ密教は、山中で修行を積みながら、加持祈禱によって国家の安全を祈った。

②浄土教の源信(恵心僧都)や、法然や親鸞といった鎌倉新仏教の開祖たちの多くも、比叡山で学ぶなど、後世の仏教にも大きな影響を与えた。

第4章　貴族政治の展開

1　摂関政治　p. 28〜29

①蔵人頭　②藤原良房　③承和の変　④応天門の変　⑤藤原基経　⑥菅原道真　⑦延喜・天暦の治　⑧安和の変　⑨摂関政治　⑩外戚　⑪藤原道長　⑫藤原頼通　⑬戸籍　⑭受領　⑮田堵　⑯名　⑰成功　⑱新羅　⑲高麗

読みとき　解答例

①太政官(中央政府)

②従来は、中央政府の監督のもとで国司が行政を担当し、租税の徴収・運搬などの実務はその土地の有力者であった郡司が担当してきた。

③政府は、徴税の責任と引きかえに一国の統治を国司にゆだねた。そのため国司(受領)は租税を確保するとともに、私腹を肥やしたりするようになったため。

2　国風文化　p. 30〜31

①国風　②かな　③和歌　④古今和歌集　⑤源氏物語　⑥枕草子　⑦三跡　⑧浄土教　⑨空也　⑩往生要集　⑪末法　⑫平等院鳳凰堂　⑬寄木造　⑭来迎図　⑮本地垂迹説　⑯御霊会　⑰十二単　⑱寝殿造　⑲大和絵

読みとき　解答例

①片かなは、漢字の一部を取って考えだされた文字である(「片」には一部という意味がある)。

②漢字(「真名」)が正式な文字であり、「かな」は仮の文字とされたため、と考えられる。

③漢文は男性社会で公式にもちいられたので、漢字を書くことをさけた当時の宮廷女性の間で使われるようになったため。

3　荘園の発達と武士団の成長　p. 32〜33

①開発領主　②寄進地系　③不輸　④不入　⑤在庁官人　⑥名　⑦名主　⑧家子　⑨郎等(郎党)　⑩武士団　⑪棟梁　⑫平将門　⑬藤原純友　⑭天慶の乱　⑮侍　⑯刀伊　⑰平忠常の乱

読みとき　解答例

①ア：開発領主　イ：領家　ウ：本家

②不輸・不入の権を認められた荘園が多くなると、中央政府の収入が減少し、その結果天皇家・摂関家・大

寺社は積極的に荘園の寄進をうけるようになった。そのため荘園は独立性を高め、国司の支配から離れていった。

第5章　院政と武士の進出

1　院政の始まり　p. 34〜35

①荘園　②後三条　③荘園整理令　④荘園公領　⑤武家の棟梁　⑥白河　⑦院政　⑧院宣　⑨院近臣　⑩後白河　⑪知行国　⑫僧兵　⑬強訴　⑭平泉

読みとき　解答例

①宣旨とは天皇の命令で発給される文書、官符とは太政官から発給される文書のこと。公田とは国衙領のことをさす。公的に証明する文書もないのに、国衙領を横領することを意味する。
②藤原頼通のことをさす。宇治に平等院鳳凰堂を建立したため。
③摂関家領
④宣旨や太政官符がないにも関わらず、国衙領を私領として横領している状況があった。藤原頼通の時に、摂関家領だと主張することで、受領は立ち入ることができなかった。このような、証拠書類がないにもかかわらず、権威で守られてしまっている荘園を停止するために、記録所が設置された。

2　院政と平氏政権　p. 36〜37

①後白河　②保元の乱　③平治の乱　④平清盛　⑤大輪田泊　⑥太政大臣　⑦徳子　⑧安徳　⑨知行国　⑩今昔物語集　⑪梁塵秘抄　⑫絵巻物　⑬厳島神社　⑭中尊寺金色堂

読みとき　解答例

①平清盛
②平大納言時忠卿。「一門」とは、平氏の一門のこと。
③平氏が、日本全国の約半分もの知行国や、多くの荘園を領有していたことがわかる。
④摂関家の土地領有のあり方と似ており、平氏政権のもつ貴族的性格の一面を指摘できる。

第6章　武家政権の成立

1　鎌倉幕府の成立と展開(1)　p. 38〜39

①以仁王　②源頼朝　③源義経　④壇の浦　⑤奥州藤原氏　⑥征夷大将軍　⑦侍所　⑧地頭　⑨大犯三カ条　⑩鎌倉幕府　⑪御恩　⑫本領安堵　⑬封建制度　⑭二元的

読みとき　解答例

①たとえば、「天皇の居所・平安宮が北にある」「中央に朱雀大路がある」「左京・右京がある」「東市・西市、東寺・西寺がある」「碁盤の目状に都市が区画されている」「平安京の外側に寺社が立地している」など。
②たとえば、「鶴岡八幡宮が北にある」「中央に若宮大路がある」「三方を山に囲まれ、外との通行は切通が設けられていた」「南に海があり、港湾施設の人工島・和賀江島があった」「寺院は山沿いの谷戸にあった」など。
③都市中央にある大路、山沿いの寺院立地などは共通している。一方、鎌倉は三方を山に囲まれ一方を海とする要害の地で、平地に限りがあった。そのため規模も小さく、平安京のように碁盤目状で左右対称的な条坊制をとることはなかった。

2　鎌倉幕府の成立と展開(2)　p. 40〜41

①北条時政　②執権　③北条義時　④後鳥羽　⑤西面の武士　⑥承久の乱　⑦六波羅探題　⑧北条泰時　⑨御成敗式目　⑩北条時頼　⑪館　⑫下人　⑬惣領　⑭分割　⑮流鏑馬　⑯笠懸　⑰犬追物(⑮〜⑰は順不同)　⑱下地中分

読みとき　解答例

①領家と地頭
②執権の補佐
③下地中分
④この絵図は、「伯耆国東郷荘」の領有をめぐって対立していた領家(荘園領主)と地頭の支配を明確にするために作成された。両者の境界を示す朱線の両脇には、執権と連署の花押がすえられていることから、鎌倉幕府の法廷で争われ、支配権を互いに認め合う下地中分をおこなったことが読み取れる。

3　モンゴル襲来と幕府の衰退　p. 42〜43

①フビライ(クビライ)　②北条時宗　③異国警固番役　④鎮西探題　⑤得宗　⑥霜月騒動　⑦北条貞時　⑧二毛作　⑨三斎市　⑩座　⑪問(問丸)　⑫借上　⑬永仁の徳政令　⑭悪党

読みとき　解答例

①下駄、布、米、鳥、魚、備前焼など。
②僧(一遍)、武士、子どもをつれた女性、笠をかぶっている人(女性)、布や米などの商品を売る人・買う人、下駄を手にもつ上半身半裸の人(足が不自由な方)、舟をこぐ人、天秤棒に魚をさげた男など。
③図Aは市がたっている時のようすで、図Bは市がたっていない時のようすである。定期市とは、月に3回開かれる三斎市のように、定期的に開かれる市のことで、市は常設ではなかった。

4　鎌倉文化　p. 44〜45

①武家　②法然　③親鸞　④一遍　⑤栄西　⑥坐禅　⑦曹洞宗　⑧戒律　⑨叡尊　⑩伊勢神道　⑪大仏様　⑫運慶　⑬禅宗様　⑭似絵　⑮新古今　⑯平家物語

読みとき　解答例

①重源
②建造物名：東大寺南大門、建築様式名：大仏様
③東大寺南大門金剛力士像(阿形)
④運慶や快慶らが制作した。金剛力士像は、前代と異

なり、一人の仏師が制作したのではなく、工房で複数人が分担して制作した。

第7章　武家社会の成長

1　室町幕府の成立(1)　p. 46～47

①大覚寺統　②持明院統(①②は順不同)　③両統迭立　④後醍醐　⑤元弘の変　⑥新田義貞　⑦記録所　⑧雑訴決断所　⑨守護　⑩綸旨　⑪建武式目　⑫南朝　⑬北朝　⑭北畠親房　⑮観応の擾乱　⑯単独相続

読みとき　解答例

①天皇の意向を伝える文書。建武の新政では、土地の諸権利の確認に必要とされた。

②「決断所」は雑訴決断所をさす。鎌倉幕府の引付を受け継ぎ、所領問題などの訴訟を裁いた。

③建武の新政による混乱ぶり、その混乱に乗じて自身の土地の権利を得ようとしたり、偽って恩賞を得ようとしたりする者、成り上がり者や、京の公家風と鎌倉の武家風がまじりあったようすなどを風刺している。あわせてそういった人びとの集う、京都の社会状況を風刺している。

④新しい武家政権をのぞむ声が高まった。

2　室町幕府の成立(2)　p. 48～49

①大犯三カ条　②半済令　③守護請　④守護大名　⑤国人　⑥国人一揆　⑦南北朝　⑧山名　⑨大内(⑧⑨は順不同)　⑩管領　⑪奉公衆　⑫御料所　⑬鎌倉府　⑭鎌倉公方　⑮足利基氏　⑯関東管領

読みとき　解答例

①観応の擾乱

②鎌倉時代以来の大犯三カ条に加えて、刈田狼藉や使節遵行などの権限。

③近江・美濃・尾張三カ国の本所領の年貢の半分を、軍事動員のための兵粮米として守護にあたえる。

④守護の力はしだいに強まり、やがて国衙の機能も吸収して、一国全体にわたる地域的支配権を確立する者もあらわれた。

3　室町幕府の成立(3)　p. 50～51

①朝鮮　②琉球王国　③倭寇　④日明貿易　⑤朝貢　⑥勘合　⑦銅銭　⑧堺　⑨博多　⑩寧波　⑪応永の外寇　⑫木綿　⑬綿花　⑭尚巴志　⑮コシャマイン

読みとき　解答例

①後期倭寇

②前期倭寇は、鎌倉末期から南北朝の動乱期(14世紀)にかけて活動し、対馬や壱岐、九州北部住民を中心とする海賊集団をさし、活動範囲は朝鮮半島から東シナ海であった。これに対して、後期倭寇は16世紀後半に活動し、日本人よりも中国人の方が多く、活動範囲も中国大陸南部から東南アジア一帯にかけて広がった。

③日本から中国への代表的な輸出品が刀剣や扇であったことから、それらを持たせて、倭寇が日本人であることを表現した。

4　下剋上の社会(1)　p. 52～53

①寄合　②地下請　③一揆　④強訴　⑤土一揆　⑥正長の徳政一揆　⑦足利義教　⑧永享の乱　⑨嘉吉の変　⑩嘉吉の徳政一揆　⑪下剋上　⑫足利義政　⑬細川勝元　⑭山名持豊(宗全)　⑮応仁の乱　⑯足軽　⑰荘園制

読みとき　解答例

①村の運営のため自治的に定めた村の法。

②寄合で決定した日にちをあらわす。

③惣から借り受けた屋敷に、村人でないものを置いてはならない。

④惣で定めたルールに反した者は、宮座の構成員から除名する。

⑤各条文には、惣有財産の管理や禁止事項、個人の恣意的な行動禁止、違反した者に対する罰則、惣独自の規定が明記されている。自治的な村落として共有財産を管理し、惣独自の慣習法が定められており、違反した場合には制裁措置がとられたことを読み取ることができる。現代との共通点・相違点は、たとえば、現代の町内会やマンション管理組合などの規則(お祭り・防災訓練・町内会費など)を取り上げ、話し合ってみよう。

5　下剋上の社会(2)　p. 54～55

①山城の国一揆　②加賀の一向一揆　③蓮如　④三毛作　⑤座　⑥六斎市　⑦見世棚　⑧永楽通宝　⑨撰銭令　⑩土倉　⑪割符　⑫馬借

読みとき　解答例

①足軽。騎馬武者にくらべて、軽装で機動力に富む足軽は、混乱に乗じて略奪行為をおこなった。

②応仁の乱

③1460年代・1470年代の土一揆の件数は6件である一方、1480年代・1490年代の土一揆の件数は13件であり、応仁の乱後に土一揆の件数がふえていることがわかる。

④基本的に同じ人びとだった

6　室町文化(1)　p. 56～57

①公家　②庶民　③神皇正統記　④太平記　⑤連歌　⑥金閣　⑦水墨画　⑧観阿弥　⑨世阿弥　⑩銀閣　⑪書院造　⑫雪舟　⑬狩野　⑭侘茶　⑮唯一神道

読みとき　解答例

①寺名：慈照寺、建物名：東求堂同仁斎

②違い棚、畳、襖、明障子、付書院、土壁、角柱など。

③和風住宅

7　室町文化(2)　p. 58～59

①狂言　②連歌　③宗祇　④御伽草子　⑤風流　⑥足

利学校　⑦林下　⑧一休宗純　⑨日親　⑩天文法華の乱　⑪本願寺　⑫御文

読みとき　解答例

①連歌
②宗祇
③参加者は、歌をよむことを平等に競いながら、同時に連歌を完成させるという同じ目的に向かう。身分に関係なく、心を一つにする行為は、「揆(みち)を一(いつ)にする」すなわち「一揆」である。

8　戦国の動乱　p. 60〜61

①戦国大名　②北条早雲　③武田信玄　④毛利元就　⑤伊達　⑥織田信長　⑦検地　⑧城下町　⑨地侍　⑩分国法　⑪喧嘩両成敗法　⑫港町　⑬宿場町(⑫⑬は順不同)　⑭門前町　⑮寺内町　⑯楽市令　⑰町衆

読みとき　解答例

①一乗谷
②朝倉氏の城下町である一乗谷へ、所領のある家臣たちが集まって住むこと。
③喧嘩両成敗
④喧嘩両成敗の目的は、自力救済社会の否定にあった。自力救済とは、公権力が比較的弱かった中世社会ならではの考え方で、みずからの権利や生命、財産などが侵害された際に、自分たちの力で防衛し、権利の回復がはかられたことをさす。この条文では、家臣相互の私闘(喧嘩)で解決するのではなく、大名の裁判にゆだねさせることで、領国の平和を実現しようとした。

第8章　近世の幕開け

1　天下人の登場　p. 62〜63

①鉄砲　②キリスト教　③石見　④生糸　⑤大航海時代　⑥フランシスコ＝ザビエル　⑦南蛮　⑧キリシタン　⑨織田信長　⑩豊臣秀吉　⑪安土城　⑫大坂城　⑬関白　⑭豊臣

読みとき　解答例

①関東に確固とした領国を築いて民政を重視する姿勢、②海外に目を向けキリスト教を積極的に受け入れたこと、③足利義昭を奉じて京都を制圧する意志、とそれぞれの戦国大名の政治姿勢や志向をうかがうことができる。④と⑤は自らの姓名を刻んでいるが、④天皇から与えられた姓を大きく刻み海外へも勢力を誇示した秀吉と、⑤海外と友好的な関係を結ぶ姿勢を掲げた家康とは対照的にみえる。
⑥上杉謙信の獅子の印は、軍神としての地蔵尊(勝軍地蔵)、帝釈天、妙見菩薩のそれぞれの頭文字が彫られ、仏教への信仰心がうかがえる。⑦は、キリシタン大名がローマ字を使った印章で、「Curo NGMS」は、黒田長政の姓の半分と、名の「ながまさ」の母音を省略している。

2　豊臣政権と桃山文化　p. 64〜65

①村　②太閤検地　③石高　④国替(転封)　⑤刀狩令　⑥軍役　⑦兵農分離　⑧バテレン追放令　⑨文禄・慶長の役　⑩安土・桃山　⑪桃山　⑫障壁画　⑬千利休　⑭出雲お国(阿国)　⑮セミナリオ　⑯コレジオ　⑰天正遣欧使節　⑱キリシタン版

読みとき　解答例

①表紙には全文ポルトガル式ローマ字で、「にほん(日本)のことば(言葉)といすとりあ(イストリア〈歴史〉)をならい(習い)しらん(知らん)とほっ(欲)するひと(人)のためにせわ(世話)にやわ(和)らげたるへいけ(平家)のものがたり(物語)」と書かれている。「世話に和らげたる」は「やさしい言葉づかいにした」の意味。
②天草(のコレジオ)
③日本語と日本の歴史を学ぼうとする宣教師のために印刷された。

第9章　幕藩体制の成立と展開

1　江戸幕府の成立(1)　p. 66〜67

①徳川家康　②石田三成　③関ヶ原の戦い　④徳川秀忠　⑤大坂の陣　⑥旗本　⑦徳川家光　⑧老中　⑨三奉行　⑩一国一城令　⑪武家諸法度　⑫参勤交代　⑬藩　⑭幕藩体制　⑮禁中並公家諸法度　⑯京都所司代　⑰武家伝奏　⑱紫衣事件　⑲寺院法度　⑳寺請

読みとき　解答例

①戦国時代、おもに越後を支配していた上杉氏、常陸を支配していた佐竹氏は東北の遠隔地に配置し直され、中国地方の毛利氏は関ヶ原の戦い後は120万石から37万石と大幅に減封され、幕府から厳しい統制策がとられた。
②関ヶ原の戦い後に徳川氏に従った有力な外様大名。
③幕府は権力を安定させるために、全国の要地に幕領、親藩・譜代大名領を配置するとともに、外様大名領の間にいくつかの親藩・譜代大名領をおいた。

2　江戸幕府の成立(2)　p. 68〜69

①百姓　②職人　③町人　④非人　⑤村方三役　⑥水呑百姓　⑦村請制　⑧五人組　⑨本途物成　⑩小物成　⑪田畑永代売買の禁止令　⑫分地制限令　⑬城下町　⑭地借　⑮店借

読みとき　解答例

①天守を中心とする内曲輪・中曲輪に上級武士の屋敷があり、外曲輪の周縁に外敵からの防備のため、中・下級武士の屋敷がある。
②人と物流を呼び込み、集住させた商人に活発な経済活動をさせるため。
③曲輪の西側に配置され、外敵からの防備にあたる役割。また、城下町の要所に寺社地がおかれ、しばしば武士が詰めて、防衛の拠点となった。

3　江戸初期の外交と文化(1)　p. 70〜71

①平戸　②糸割符仲間　③朱印　④日本町　⑤禁教令　⑥潜伏キリシタン　⑦奉書　⑧益田(天草四郎)時貞　⑨島原の乱　⑩絵踏　⑪出島　⑫鎖国　⑬オランダ風説書　⑭唐人屋敷

読みとき　解答例

①東南アジア全域に移住する日本人がふえ、アユタヤ・プノンペン・マニラなどに日本町がつくられた。
②スペイン・ポルトガルに加え、オランダ・イギリスとの新たな貿易を開始した。中国とは国交は回復できず民間の商人との私貿易のみだったが、朝鮮とは国交回復し通信使が来日した。その後、オランダとの競争に敗れたイギリスが撤退し、禁教政策によってスペイン・ポルトガルの来航が禁止された。
③先進国でカトリックのスペイン・ポルトガルは、南蛮貿易と布教が一体化していたが、新興国でプロテスタントのオランダは、貿易を布教と分離していたため、日本と交易をおこなう唯一のヨーロッパの国となった。

4　江戸初期の外交と文化(2)　p. 72〜73

①己酉約条　②朝鮮通信使　③謝恩使　④慶賀使　⑤シャクシャイン　⑥朱子学　⑦林羅山　⑧日光東照宮　⑨数寄屋造　⑩狩野探幽　⑪俵屋宗達　⑫本阿弥光悦　⑬酒井田柿右衛門　⑭仮名草子

読みとき　解答例

①1635年に日本人の海外渡航と帰国を禁止、1639年にポルトガル船の来航を禁止、1641年に平戸のオランダ商館を長崎の出島に移して、鎖国は完成した。
②日本人の海外渡航・帰国の禁止と貿易統制によって、幕府は将軍を中心とした国内秩序を確立し、長崎貿易の利益と海外情報の独占を果たした。
③宣教師の帰国を命じた豊臣政権のバテレン追放令を、家康も当初は引き継ぎながらキリスト教を黙認していたが、スペイン・ポルトガルの侵略を警戒して全国に禁教令を出し、信者にきびしい迫害を加えた。島原の乱ののちには、絵踏を強化し寺請制度を設けるなど、宗教統制をいっそう強めた。

5　幕政の安定　p. 74〜75

①徳川家綱　②慶安の変　③殉死　④徳川光圀　⑤徳川綱吉　⑥元禄時代　⑦忠　⑧孝　⑨礼儀　⑩柳沢吉保　⑪生類憐みの令　⑫服忌令　⑬元禄小判　⑭新井白石　⑮閑院宮家　⑯正徳小判　⑰海舶互市新例

読みとき　解答例

①小判の重さは変わらないが、金の含有量が少なくなった。
②幕府は、金の含有量を減らすことで元禄小判の発行をふやし、その差益によって財政再建をはかろうとした。しかし、金貨の実質的な価値が下がり通貨量がふえたことで、物価が上がって、庶民の暮しを圧迫した。
③重さも金の含有量も慶長小判と同等となった。
④物価高騰をおさえるために、金の含有量が以前と同じ正徳小判を発行したが、新旧貨幣の交換をめぐって経済は混乱した。

6　経済の発展(1)　p. 76〜77

①備中鍬　②千歯扱　③唐箕　④新田開発　⑤商品作物　⑥干鰯　⑦金肥　⑧農業全書　⑨俵物　⑩入浜塩田　⑪たたら　⑫西陣　⑬高機　⑭有田　⑮灘　⑯野田

読みとき　解答例

①❶の竜骨車・踏車によって、灌漑の揚水量が増した。さらに竜骨車から、小型で扱いやすい踏車に変わっていった。❷平鍬と比べ、鉄の刃先3〜4本に分かれた備中鍬は、刃先に土の付着が少ないので深耕が容易になった。❸多くの人手を要した扱箸と比べ、千歯扱きとからさおによって脱穀の作業能率を飛躍的に高めた。❹唐箕は一定の風速で半連続的な風を送り、❺千石簁とともに、選別の精度・能率を高めた。
②幕府や諸藩主導、町人の資金力などによる新田開発や治水、農具や肥料、農書などでの農業技術の進歩によって、農業生産がめざましく発達したから。
③新田開発が増加する17世紀と19世紀には全国総人口も増加しているが、新田開発が減少している18世紀には全国総人口も停滞している。

7　経済の発展(2)　p. 78〜79

①五街道　②本陣　③関所　④河村瑞賢　⑤樽　⑥北前船　⑦問屋　⑧十組問屋　⑨二十四組問屋　⑩株仲間　⑪金　⑫銀　⑬両替商　⑭江戸　⑮大坂　⑯蔵屋敷　⑰京都

読みとき　解答例

①1枚ずつ数えて使う計数貨幣の金貨・銭貨、重さをはかって使う秤量貨幣の銀貨という、3種類の貨幣が同時に通用していた。
②中世では宋銭や明銭などの中国銭が流通していたが、江戸幕府は安定した量の鉱山資源が入手でき、貨幣の価値を保証できたため、幕府が鋳造した貨幣が流通していた。
③豊臣政権の頃から西日本では銀を多く産出し、貿易で銀を使用した影響もあり、銀遣いの慣行があった。一方、東日本では金山が開発され、幕府が金貨を基準としたため、金遣いとなった。三貨の交換を担った両替商が金融取引を支えた。18世紀後半に、幕府は金貨の単位で流通する計数銀貨の南鐐二朱銀を発行し、銀貨を金貨の補助貨幣とすることを試みた。

8　元禄文化　p. 80〜81

①元禄　②朱子学　③陽明学　④古学派　⑤本草学　⑥和算　⑦井原西鶴　⑧浮世草子　⑨松尾芭蕉　⑩蕉

風(正風)俳諧　⑪近松門左衛門　⑫人形浄瑠璃　⑬義太夫節　⑭市川団十郎　⑮坂田藤十郎　⑯尾形光琳　⑰菱川師宣　⑱浮世絵　⑲野々村仁清　⑳友禅染

読みとき　解答例

①たとえば、S字曲線と渦巻が繰り返す文様によって、流水を描いている、など。

②たとえば、「左に男性的な白梅、右に女性的な紅梅の構図は、俵屋宗達の『風神雷神図屛風』を思わせる」「空間を広くとった大胆な構図や色彩による装飾性に富む画風である」など。

第10章　幕藩体制の動揺

1　幕政の改革と宝暦・天明期の文化(1)　p. 82〜83

①徳川吉宗　②享保の改革　③相対済し令　④倹約令　⑤足高の制　⑥上げ米　⑦定免法　⑧大岡忠相　⑨町火消　⑩目安箱　⑪小石川養生所　⑫公事方御定書　⑬村方騒動　⑭百姓一揆　⑮享保の飢饉　⑯田沼意次　⑰株仲間　⑱南鐐二朱銀　⑲天明の飢饉　⑳打ちこわし

読みとき　解答例

①天明・天保などの飢饉の時期にピークを迎えている。また、幕末になると、開国にともなう物価上昇や政局をめぐる抗争などが要因となって、貧農を中心に世直しをとなえる一揆や打ちこわしがふえた。

②貨幣経済が浸透し、村落内で、村役人を兼ねる豪農層と、小百姓・小作農との貧困の差が大きくなり、対立が深まっていることがうかがえる。

2　幕政の改革と宝暦・天明期の文化(2)　p. 84〜85

①寺子屋　②洋学　③蘭学　④杉田玄白　⑤解体新書　⑥平賀源内　⑦国学　⑧古事記伝　⑨群書類従　⑩石田梅岩　⑪藩校(藩学)　⑫洒落本　⑬山東京伝　⑭上田秋成　⑮与謝蕪村　⑯川柳　⑰狂歌　⑱鈴木春信　⑲喜多川歌麿　⑳東洲斎写楽　㉑円山応挙

読みとき　解答例

左の狩野探幽が描いた松は、形式化した伝統的な様式だが、右の円山応挙が描いた松は、西洋画の遠近法・陰影法が取り入れられ、松の葉や幹は立体的で、写実性を重視しながらも、装飾性を兼ね備えている。

3　江戸幕府の衰退(1)　p. 86〜87

①松平定信　②寛政の改革　③旧里帰農令　④囲米　⑤棄捐令　⑥人足寄場　⑦七分積金　⑧寛政異学の禁　⑨林子平　⑩上杉治憲　⑪ラクスマン　⑫間宮林蔵　⑬レザノフ　⑭フェートン号　⑮徳川家斉　⑯大御所政治　⑰関東取締出役　⑱大塩平八郎　⑲モリソン号　⑳蛮社の獄

読みとき　解答例

①正学は朱子学をさす。異学はそれ以外の儒学で、古学派や陽明学派などをさす。

②松平定信は、幕藩体制の再建のために朱子学の再興が必要であると考えた。

4　江戸幕府の衰退(2)　p. 88〜89

①水野忠邦　②人返しの法　③株仲間　④上知令　⑤問屋制家内工業　⑥工場制手工業　⑦薩摩　⑧調所広郷　⑨島津斉彬　⑩長州　⑪村田清風　⑫佐賀　⑬土佐　⑭雄藩

読みとき　解答例

①綿糸の風干し→糸繰り(綛から糸枠に糸を巻き取る)→糸のととのえ(多数の糸枠から同時に引き出した糸を整経台にかけて同じ長さの糸を決まった本数分準備する)→糸を運ぶ→高機で機織り→織屋の主人が客に布をみせている。

②図Bは農民が問屋から資金や原料を貸与され副業としてそれぞれの家で生産をおこなっている。一方、図Aは地主や問屋商人らが設けた工場に女性などの労働者を集めて協同で生産をおこなっている。図Aの工場制手工業は、多くの働き手が分業と協業でおこなうため、図Bの問屋制家内工業よりも生産性が向上した。

5　化政文化　p. 90〜91

①化政　②蛮書和解御用　③シーボルト　④鳴滝塾　⑤緒方洪庵　⑥適々斎塾(適塾)　⑦伊能忠敬　⑧復古神道　⑨滑稽本　⑩人情本　⑪小林一茶　⑫葛飾北斎　⑬富突　⑭御蔭参り

読みとき　解答例

①たとえば、ゴッホは歌川広重などの作品を模写したり、自らの絵画に浮世絵を取り入れたりしている。広重の「名所江戸百景　大はしあたけの夕立」を模写した「雨中の橋」が有名である。

②西洋の伝統にはない浮世絵の大胆な構図・色彩・線描などに新鮮な刺激をうけ、これらの技法を用いて日常の風景や人物などをとらえることを試みた。

第11章　近世から近代へ

1　開国とその影響(1)　p. 92〜93

①産業革命　②アヘン　③天保の薪水給与令　④捕鯨船　⑤ペリー　⑥フィルモア　⑦プチャーチン　⑧日米和親　⑨下田　⑩箱館　⑪最恵国待遇　⑫阿部正弘　⑬台場

読みとき　解答例

①異国船打払令(無二念打払令)

②アヘン戦争で清が負けたこと。

③引き継がれた。日米和親条約の第二条に該当箇所がある。

④アメリカ国務長官から遣日特使への指令のうち、(1)は日米和親条約の第二条で、(2)は第三条で満たされているが、(3)は規定がなく不十分であった。

2　開国とその影響(2)　p. 94～95

①ハリス　②堀田正睦　③井伊直弼　④日米修好通商　⑤不平等　⑥神奈川　⑦関税自主　⑧領事裁判　⑨安政の五カ国　⑩横浜　⑪イギリス　⑫生糸　⑬綿織物　⑭貨幣改鋳　⑮攘夷

読みとき　解答例

大幅な輸出超過だったので、輸出品の中心となった生糸の生産は拡大したが、大量生産された安価な綿織物の輸入により、国内の綿織物業は圧迫された。

3　幕府の滅亡と新政府の発足(1)　p. 96～97

①徳川家定　②徳川慶喜　③井伊直弼　④徳川家茂　⑤安政の大獄　⑥桜田門外の変　⑦安藤信正　⑧公武合体　⑨和宮　⑩尊王攘夷　⑪坂下門外の変　⑫島津久光　⑬松平慶永　⑭松平容保　⑮生麦事件　⑯薩英　⑰八月十八日の政変　⑱禁門の変　⑲長州征討　⑳四国艦隊下関砲撃事件

読みとき　解答例

①大砲のまわりに様々な軍服を着た外国人が大勢写っていることから、四国艦隊下関砲撃事件であることがわかる。

②従来の攘夷路線の限界を知り、反対にイギリスに接近して軍備の強化をはかろうとした。

4　幕府の滅亡と新政府の発足(2)　p. 98～99

①桂小五郎　②西郷隆盛　③坂本龍馬　④薩長連合　⑤長州征討　⑥ええじゃないか　⑦岩倉具視　⑧大政奉還　⑨王政復古の大号令　⑩小御所会議　⑪戊辰　⑫奥羽越列藩同盟　⑬五箇条の誓文　⑭五榜の掲示　⑮明治維新

読みとき　解答例

五箇条の誓文は天皇が神々に誓約する形式で出され、公議世論の尊重や開国和親など開明的な新政府の方針が示された。一方、五榜の掲示は政府から民衆に対して掲出され、徒党・強訴の禁止やキリシタン禁制など旧来の教学政策を引きついだ。前者は新政府の方針を国内外にアピールする目的であるのに対し、後者は民衆の統制を目的としたため。

第12章　近代国家の成立

1　明治維新(1)　p. 100～101

①版籍奉還　②知藩事　③御親兵　④廃藩置県　⑤県令　⑥藩閥　⑦山県有朋　⑧徴兵令　⑨華族　⑩四民平等　⑪壬申戸籍　⑫秩禄処分　⑬地租改正　⑭地券　⑮ 3

読みとき　解答例

前半は、地租改正で税が軽減されず、徴兵制度や学制が負担を増大させると受け止められ、政府に対する一揆が多かった。後半は、不況で土地を手放し生活に行き詰まった貧農が、地主や債主に対して一揆を起こしたり民権運動に参加したりした。

2　明治維新(2)　p. 102～103

①内務省　②お雇い外国人　③郵便　④三菱　⑤新貨条例　⑥富岡製糸場　⑦開拓使　⑧屯田兵　⑨政商　⑩文明開化　⑪福沢諭吉　⑫学制　⑬明六社　⑭廃仏毀釈　⑮太陽暦

読みとき　解答例

①ちょんまげとざんぎり頭、豚とうさぎ、カンテラとランプ、瓦とレンガ、駕籠と人力車、おでんと牛鍋、漢字と横文字、などの対立が描かれている。

②日本油、日本米、日本酒・会石料理。

③こうもり傘、牛鍋、石鹸などは和服を着ている。これらは外来のものでも日本伝統の技術を応用してつくられたからではないか。

3　明治維新(3)　p. 104～105

①岩倉具視　②西郷隆盛　③征韓論　④江華島事件　⑤日朝修好条規　⑥日清修好条規　⑦琉球　⑧台湾出兵　⑨琉球処分　⑩樺太・千島交換条約　⑪小笠原諸島　⑫2.5　⑬佐賀の乱　⑭西南

読みとき　解答例

①暖簾に「嶋屋新政堂」とあり、薩摩藩主の島津家を連想させる。また、店員の法被の背中にあるマークは丸に十字で、島津家の家紋である。

②「旅費鳥せんべい」は官員の旅費がかさんでいること、「瓦斯提羅」は巡査が西南戦争に動員されていること、「お芋の頑固り　不平おこし」は薩摩不平士族のこと、「熊鹿戦べい」は熊本と鹿児島での攻防戦のこと、「三菱形西洋風　蒸洋艦　売切の日多し」は三菱の汽船が西南戦争で動員されていることなどを表している。

③西南戦争の戦場となった熊本城が描かれている。

④薩摩を暗示した店が繁盛していることで、庶民が西郷軍を応援していることを表している。

4　立憲国家の成立(1)　p. 106～107

①板垣退助　②民撰議院設立の建白書　③漸次立憲政体樹立の詔　④新聞紙条例　⑤府県会　⑥国会期成同盟　⑦集会条例　⑧大隈重信　⑨伊藤博文　⑩開拓使官有物払下げ事件　⑪国会開設の勅諭　⑫明治十四年の政変　⑬自由　⑭立憲改進　⑮私擬憲法　⑯中江兆民　⑰民権　⑱国権　⑲松方正義

読みとき　解答例

①首輪には「民犬」とあり、「民権」を意味していることがわかる。尻尾の文字は「R.」が「Right」、「P.」が「People」で、やはり「民権」を意味していると考えられる。

②前者は明治政府の役人や警察官、後者は自由民権運動を応援する民衆である。

③自由民権運動が盛り上がりをみせ、政府が対応に苦

慮している状況をあらわしている。

5　立憲国家の成立(2)　p. 108〜109

①福島事件　②秩父事件　③大同団結運動　④三大事件建白運動　⑤保安条例　⑥欽定憲法　⑦ドイツ　⑧華族令　⑨内閣　⑩ロエスレル　⑪大日本帝国憲法　⑫帝国議会　⑬統帥　⑭天皇　⑮25　⑯15　⑰初期議会　⑱超然

読みとき　解答例

小御所会議では天皇は和装で御簾の奥にすわり姿が見え難いが、憲法発布宮中式典では洋装を身にまとって一番目立つ高い段の上に立ち、首相に憲法を手渡している姿がえがかれている。このことから、天皇は明治以前は伝統や権威を体現する存在だったのに対し、明治以降は革新的で強いリーダーシップをもつ指導者としての役割が求められるように変化したことがわかる。

第13章　近代国家の展開と国際関係

1　大陸政策の展開(1)　p. 110〜111

①ノルマントン号事件　②井上馨　③欧化　④三大事件建白運動　⑤国粋保存　⑥平民的欧化　⑦イギリス　⑧大津事件　⑨陸奥宗光　⑩日英通商航海　⑪小村寿太郎　⑫壬午軍乱　⑬甲申事変　⑭天津　⑮脱亜論

読みとき　解答例

鹿鳴館外交の頃は「猿真似」「名磨行(生意気)」のように批判的な評価だった。しかし、憲法の制定や議会の運営などにより国内の諸制度が整備されたことや、ロシアの東アジア進出を牽制するために日本の存在が重要視されたことなどによって日本に対する評価が高まり、日英通商航海条約・日英同盟の締結や日清・日露戦争の勝利によって日本の列強入りが認められるようになった。

2　大陸政策の展開(2)　p. 112〜113

①甲午農民　②日清　③伊藤博文　④下関　⑤遼東　⑥賠償金　⑦ロシア　⑧三国干渉　⑨国家　⑩憲政　⑪大隈重信　⑫隈板　⑬政党　⑭尾崎行雄　⑮山県有朋　⑯軍部大臣現役武官　⑰治安警察　⑱立憲政友会

読みとき　解答例

賠償金の8割以上を軍事費に使用している。三国干渉によってロシアに対する敵意が高まっており、軍事力増強につとめたため。

3　大陸政策の展開(3)　p. 114〜115

①旅順　②福建　③門戸開放　④義和団　⑤北清事変　⑥北京議定書　⑦大韓帝国　⑧桂太郎　⑨日英同盟　⑩内村鑑三　⑪幸徳秋水　⑫日露　⑬日本海　⑭小村寿太郎　⑮ポーツマス　⑯樺太　⑰賠償金　⑱日比谷焼打ち事件

読みとき　解答例

①「朝鮮半島に対する日本の高い関心が反映されている」「日本に植民地や租借地が認められている」など。
②「下関条約には賠償金があるが、ポーツマス条約には賠償金がない」など。

4　大陸政策の展開(4)　p. 116〜117

①孫文　②統監府　③伊藤博文　④義兵　⑤安重根　⑥韓国併合　⑦朝鮮総督府　⑧関東都督府　⑨南満洲鉄道株式会社　⑩日露協約　⑪元老　⑫桂太郎　⑬西園寺公望　⑭日本社会　⑮戊申詔書　⑯地方改良　⑰桂園

読みとき　解答例

①伊藤博文は初代統監として韓国を保護国化し、内政にも関与したため。
②尾では韓国民衆に噛みついて泣かせている一方、前足では韓国皇太子に「イロハニホヘト」と書いてある日本語の本を読ませて抱え込もうとしており、韓国の外交権や内政権を奪い、植民地化していく状況を風刺している。

5　第一次世界大戦と日本　p. 118〜119

①尾崎行雄　②犬養毅　③第1次護憲運動　④大正政変　⑤山本権兵衛　⑥軍部大臣現役武官　⑦シーメンス事件　⑧大隈重信　⑨第一次世界大戦　⑩二十一カ条の要求　⑪シベリア出兵　⑫民本　⑬大正デモクラシー　⑭米騒動　⑮寺内正毅　⑯原敬　⑰3　⑱高橋是清　⑲加藤友三郎

読みとき　解答例

①民主主義・民衆主義・平民主義
②民主主義という用語では国民主権のようになってしまい、天皇主権の大日本帝国憲法と矛盾してしまうため、君主制でも共和制でも問題なく使用することができる民本主義という用語を採用した。

6　ワシントン体制(1)　p. 120〜121

①パリ講和会議　②ヴェルサイユ　③ヴェルサイユ体制　④国際連盟　⑤五・四　⑥三・一独立　⑦ワシントン会議　⑧四カ国　⑨九カ国　⑩ワシントン海軍軍備制限　⑪ワシントン体制　⑫幣原喜重郎　⑬幣原外交　⑭日ソ基本

読みとき　解答例

①ワシントン海軍軍備制限条約やロンドン海軍軍備制限条約によって軍艦の保有が制限されたことで、列強間の建艦競争が抑制され、日本でも1920〜30年代前半には軍縮政策がとられたため。
②(1)「失職するのが嫌だ」「やる気を失う」「軍縮担当者に対して不満を持つ」など。
(2)「恐慌の時代だから軍縮は当然」「以前よりも軍人を軽視するようになる」など。

(3)「軍人の不遇な時代の鬱屈が、昭和初期の軍部の勢力拡大につながっていくのではないか」など。

7　ワシントン体制(2)　p. 122〜123

①戦後恐慌　②関東大震災　③社会民主　④幸徳秋水　⑤大逆事件　⑥特別高等課　⑦日本共産　⑧労働農民　⑨青鞜社　⑩新婦人協会　⑪全国水平社　⑫清浦奎吾　⑬第２次護憲運動　⑭加藤高明　⑮普通選挙　⑯治安維持　⑰犬養毅　⑱憲政の常道

読みとき　解答例

普通選挙の実施にともない、「国体」の変革や私有財産制度の否認を目的とする無産政党の台頭が心配され、日本への共産主義思想の波及を防ぐために、普通選挙法と同時に制定された。

第14章　近代の産業と生活

1　近代産業の発展(1)　p. 124〜125

①渋沢栄一　②松方正義　③松方財政　④日本銀行　⑤銀本位　⑥官営事業の払下げ　⑦産業革命　⑧製糸　⑨座繰　⑩富岡製糸場　⑪器械　⑫紡績　⑬大阪紡績会社　⑭清　⑮力織機　⑯金本位

読みとき　解答例

幕末期には綿糸の生産性が低かったため、イギリスからの安価な輸入綿糸に勝てず、輸入量が増加した。その後、日本で産業革命が進み、国内に大規模な機械紡績工場が設立されて綿糸の生産量が増加すると、輸入量が減少した。日清戦争後には輸出量が増加し、輸入量を上回った。

2　近代産業の発展(2)　p. 126〜127

①八幡製鉄所　②造船　③鉄道国有　④水力　⑤生糸　⑥財閥　⑦コンツェルン　⑧三井　⑨三菱　⑩綿花　⑪寄生地主　⑫労働組合期成会　⑬治安警察　⑭工場　⑮足尾鉱毒事件　⑯日本労働総同盟　⑰日本農民組合

読みとき　解答例

輸出品は1885年には生糸のほかに農水産物が多かったが、1899年以降は生糸や綿糸などが増えており、軽工業の発展がわかる。輸入品も1885年には綿糸などの製品が多かったが、1899年以降は原料の綿花が増え、紡績業の発展が見て取れる。また、機械類・鉄類の輸入増加から、重工業が徐々に発展していることがわかる。1913年には輸入品にこれまでなかった米が登場しており、工業分野の発展による人口増加に対し、農業はそれほど発展していないことがわかる。

3　近代の文化　p. 128〜129

①学制　②学校令　③教育勅語　④福沢諭吉　⑤大隈重信　⑥津田梅子　⑦北里柴三郎　⑧写実　⑨言文一致　⑩ロマン　⑪自然　⑫フェノロサ　⑬東京美術学校　⑭黒田清輝　⑮新派劇　⑯新劇　⑰東京音楽学校　⑱電灯

読みとき　解答例

国民皆学をめざした学制で全国的に小学校の設置がすすみ、学校令で学校体系が整備された。学校教育を通じて国家主義的教育が徹底されるようになり、教育勅語では忠君愛国の道徳が強調された。当初は学制反対一揆が起こるなど、学校教育は国民から負担に思われていたが、義務教育期間の授業料が廃止されてからは一気に就学率が上昇し、明治末年には98％を超えた。

4　市民生活の変容と大衆文化　p. 130〜131

①大戦景気　②船成金　③大衆化　④文化住宅　⑤職業婦人　⑥マス＝メディア　⑦大衆文化　⑧円本　⑨トーキー　⑩西田幾多郎　⑪美濃部達吉　⑫柳田国男　⑬野口英世　⑭耽美　⑮新思潮　⑯白樺　⑰新感覚　⑱プロレタリア　⑲横山大観

読みとき　解答例

政治的には、普通選挙の実施や大正デモクラシーの影響で国民の政治に対する関心が高まっていた。経済的には、産業が発展したことでサラリーマンなどの俸禄生活者が増加し、読者層として定着した。社会的には、学校教育の普及により国民の大部分が文字を読めるようになり、新聞などのマス＝メディアで知的・文化的好奇心を満たした。

第15章　恐慌と第二次世界大戦

1　恐慌の時代(1)　p. 132〜133

①関東大震災　②金融恐慌　③若槻礼次郎　④立憲政友　⑤田中義一　⑥モラトリアム　⑦日本共産　⑧三・一五　⑨蔣介石　⑩北伐　⑪山東出兵　⑫張作霖　⑬関東軍　⑭張作霖爆殺　⑮満洲某重大

読みとき　解答例

広州から北上した国民革命軍(①)の進路には列強の権益があり、山東半島やその北の満洲には日本の権益があった(②)ため、日本は軍閥を支援することで既得権益を守ろうとした(③)。

2　恐慌の時代(2)　p. 134〜135

①浜口雄幸　②井上準之助　③金解禁　④アメリカ　⑤世界恐慌　⑥昭和恐慌　⑦重要産業統制　⑧生糸　⑨協調　⑩幣原喜重郎　⑪補助艦　⑫７　⑬ロンドン海軍軍備制限　⑭統帥　⑮統帥権干犯

読みとき　解答例

鉱工業や貿易業をはじめ、多くの業種で財閥系企業、特に３大財閥が大きな割合を占めており(①②)、産業合理化と不況によって多くの企業が淘汰された結果、明治以来の巨大な経済力を持つ財閥がそれらを吸収していったことがわかる(③④)。

3　軍部の台頭(1)　p. 136〜137

①張学良　②関東軍　③柳条湖　④満洲事変　⑤若槻礼次郎　⑥犬養毅　⑦溥儀　⑧満洲国　⑨リットン　⑩五・一五　⑪憲政の常道　⑫斎藤実　⑬日満議定書　⑭松岡洋右　⑮塘沽停戦協定

読みとき　解答例

「我が代表堂々退場す」「連盟よさらば！」という文言(①②)などから、国際連盟脱退を好意的かつ勇ましい論調で報じており(③)、国民の義憤をあおるマスコミの姿勢がみえる(④)。

4　軍部の台頭(2)　p. 138〜139

①犬養毅　②高橋是清　③管理通貨　④新興財閥　⑤天皇機関　⑥美濃部達吉　⑦岡田啓介　⑧国体明徴声明　⑨皇道　⑩統制　⑪北一輝　⑫二・二六　⑬広田弘毅

読みとき　解答例

1930年代には工業生産額の総額が急増していることから、日本の工業全体が発展したことが読み取れる(①)。また、繊維産業の割合が減って、化学・鉄鋼・機械などの重化学工業が増加したことから、産業構造が、軽工業中心から重化学工業中心へ変化したことがわかる(②③)。1930年代における重化学工業の発展には、軍需産業の急拡大にともない日産や日窒といった新興財閥が台頭したことが背景にある(④)。

5　第二次世界大戦(1)　p. 140〜141

①ヒトラー　②ムッソリーニ　③枢軸　④ソ連　⑤日独伊三国防共協定　⑥共産党　⑦西安　⑧盧溝橋　⑨近衛文麿　⑩日中　⑪南京　⑫重慶　⑬東亜新秩序　⑭汪兆銘

読みとき　解答例

アメリカが第三国の戦争に巻き込まれないようにするために定められた中立法(③)では、戦争状態の国に対して武器や弾薬等の軍需品の輸出を禁止したため(①)、アメリカとの貿易関係を維持したい日中両国は、宣戦布告をして国際法上の戦争とすることを避けた(②)。

6　第二次世界大戦(2)　p. 142〜143

①近衛文麿　②国民精神総動員　③国家総動員　④産業報国会　⑤国民徴用令　⑥配給　⑦ノモンハン　⑧平沼騏一郎　⑨第二次世界大戦　⑩日独伊三国同盟　⑪新体制　⑫大政翼賛会　⑬国民学校　⑭皇民化

読みとき　解答例

1936年にロンドン会議を脱退し、37年には日中戦争が始まったことから軍事費が急増した(①②)ことが読み取れる。また、政府の支出や国民所得における軍事費の割合が急速に高まっていることから、戦争の長期化によって、軍事優先の統制経済が政府や国民の経済にも深刻な影響を与えている(③)ことも読み取れる。

7　第二次世界大戦(3)　p. 144〜145

①松岡洋右　②日ソ中立　③南部仏印　④東条英機　⑤真珠湾　⑥太平洋　⑦翼賛　⑧ミッドウェー　⑨大東亜共栄圏　⑩サイパン　⑪勤労動員　⑫学徒出陣　⑬東京大空襲　⑭学童疎開　⑮ヤルタ協定　⑯沖縄　⑰ポツダム　⑱原子爆弾

読みとき　解答例

戦時に欠かせない燃料や鉄鋼などを、日本はアメリカからの輸入に大きく依存していた(①)。また、主要物資の生産力においても、アメリカは日本を大きく上回っていた(②)。そのため、南方への進出を強める日本と対立関係にあったアメリカは、経済封鎖を強めて状況を打開しようとした(③)。

第16章　現代の世界と日本

1　占領下の改革と主権の回復(1)　p. 146〜147

①国際連合　②アメリカ　③ソ連(②③は順不同)　④安全保障理事会　⑤東久邇宮稔彦王　⑥マッカーサー　⑦GHQ　⑧間接　⑨幣原喜重郎　⑩五大改革　⑪労働組合　⑫極東国際軍事裁判　⑬公職追放　⑭財閥解体　⑮独占禁止　⑯過度経済力集中排除　⑰農地改革　⑱吉田茂　⑲自作農創設特別措置

読みとき　解答例

農地改革によって小作地は大幅に減少し、自作地が増えた(①)。農家の大半が1町歩未満の零細な自作農となった(②③)。大地主たちは従来の大きな経済力と社会的な地位を失った(④)。

2　占領下の改革と主権の回復(2)　p. 148〜149

①労働組合　②労働基準　③教育基本　④日本国憲法　⑤主権在民　⑥参議院　⑦戦争放棄　⑧民法　⑨地方自治　⑩日本自由　⑪日本進歩　⑫日本共産　⑬日本社会　⑭吉田茂　⑮傾斜生産方式　⑯片山哲

読みとき　解答例

車両から人があふれ、屋根の上にまで乗客がいることからも、何が何でも食料を得たいという切迫感が読みとれる(①)。このことから都市部での食料不足が深刻であり、政府による食料の配給(③)が機能しておらず、対応も不十分であり、都市部の多くの人びとは食料の生産地である農村部へ直接買出しに行かなければならなかったと考えられる(②)。

3　占領下の改革と主権の回復(3)　p. 150〜151

①北大西洋条約機構　②ワルシャワ条約機構　③中華人民共和国　④大韓民国　⑤朝鮮民主主義人民共和国　⑥経済安定九原則　⑦ドッジ＝ライン　⑧シャウプ勧告　⑨朝鮮　⑩レッド＝パージ　⑪警察予備隊　⑫特需　⑬サンフランシスコ平和　⑭日米安全保障　⑮日

米行政協定　⑯湯川秀樹　⑰文化財保護

読みとき　解答例

①終戦直後。
②朝鮮戦争による特需があったため。
③神武景気のころ。
④戦前期、日本の生産の中心は繊維であったが、戦争による統制経済によってその比率は低下し、鉄鋼や機械が伸びた。終戦直後の生産力の落ち込みは深刻であったが、1950年の朝鮮戦争による特需によって生産指数が急速に上昇し、その後の神武景気で戦前の水準以上に回復をみた。

4　55年体制と高度経済成長(1)　p. 152〜153

①アジア＝アフリカ会議　②ヨーロッパ共同体　③ベトナム　④保安隊　⑤自衛隊　⑥原水爆禁止運動　⑦鳩山一郎　⑧自由民主　⑨55年体制　⑩日ソ共同宣言　⑪国連加盟　⑫日米安全保障　⑬岸信介　⑭日米相互協力及び安全保障　⑮安保闘争

読みとき　解答例

①３分の２以上の議席を確保すること。
②自民党が過半数を超え、自民党優位であった。
③左派と右派を再統一して、憲法改正阻止に必要な３分の１の議席を確保した。

5　55年体制と高度経済成長(2)　p. 154〜155

①池田勇人　②所得倍増　③高度経済成長　④佐藤栄作　⑤日韓基本　⑥沖縄　⑦小笠原諸島　⑧沖縄返還協定　⑨岩戸　⑩いざなぎ　⑪エネルギー　⑫農業基本　⑬IMF　⑭経済協力開発機構　⑮三種の神器　⑯東京オリンピック　⑰東海道新幹線　⑱公害対策基本　⑲万国博覧会

読みとき　解答例

①「三種の神器」とよばれた３つの製品は高度経済成長を背景に、普及率が急速に上昇したことから、ほとんどの家庭で利用されていたことがわかる。
②テレビのカラー化により白黒テレビに代わってカラーテレビが普及した。乗用車やエアコンの普及率の推移は緩やかではあるが、高い割合となっている。
③現在においては新たな家電製品が登場し、娯楽の多様化からテレビや乗用車の普及率がやや下がってきている。

6　現代の情勢(1)　p. 156〜157

①アメリカ　②ニクソン　③変動相場制　④石油危機　⑤先進国首脳会議　⑥田中角栄　⑦日中共同声明　⑧日中平和友好　⑨貿易摩擦　⑩日本労働組合総連合会　⑪政府開発援助　⑫冷戦　⑬天安門　⑭湾岸

読みとき　解答例

①日本は中国との戦争について反省し、中国は友好のために賠償の請求を放棄した。
②日本は中国の台湾に対する考え方を尊重し、台湾の中華民国政府と外交関係を断絶することとなった。
③当時、中ソ対立が続いており、ソ連を念頭に覇権を求める国を批判する文言も加えられたため。

7　現代の情勢(2)　p. 158〜159

①中曽根康弘　②消費税　③昭和天皇　④平成　⑤湾岸　⑥国連平和維持活動協力　⑦細川護熙　⑧55年体制　⑨プラザ合意　⑩バブル経済　⑪小泉純一郎　⑫民主　⑬京都議定書　⑭東日本大震災

読みとき　解答例

①日本の発電量は年々増加傾向にあった。
②原子力発電の割合が90年代まで大幅に伸びていたが、2011年の東日本大震災による福島第一原発事故以降、急激に減少し、代わって新しいエネルギーが増加している。
③石炭やLNGによる火力発電も大幅に増加しているが、温室効果ガスの排出を伴うため、将来的に課題が残る。

日本史探究
高校日本史 ノート　解答

2023年3月　初版発行

編　者　高校日本史ノート編集部
発行者　野澤　武史
印刷所　信毎書籍印刷株式会社
製本所　有限会社　穴口製本所
発行所　株式会社　山川出版社
〒101-0047　東京都千代田区内神田1-13-13
電話　03-3293-8131(営業)　03-3293-8135(編集)
https://www.yamakawa.co.jp/

ISBN978-4-634-02233-1　NYIZ0103